天

Borderless

下

博稽古今　融汇天下

現代法政的起源

1900—1919

董彦斌 著

法律出版社 LAW PRESS · CHINA

立法本身,只能被视为历史整体的一部分。

——萨维尼

“时代来去如风，故园荒草如金”　｛前言｝

本书主要讨论了1900—1919年的法律与政治。这段期间，中国的法政发生了重大变革。在后续岁月里，这些变革有的变成了制度传统，有的变成了思想传统，有的变成了新的制度变革的参照系，不仅影响了整个20世纪，还影响了当代，并将影响到我们能预见的未来。可以确信，从1900—1919年的法政变革开始，中国形成了现代意义上的法政。基于此，我将本书命名为《现代法政的起源》。

我曾从中国历史中找出了三个我认为的最重要的节点，三者皆与制度变革相关。第一个节点是尧时期，我称之为立国时刻。在立国时刻，中国具有中央权威的国家体制开始形成，尧创立了一套框架性、总纲性的制度，用以处理央地、神人关系和权力交接问题。第二个节点是汉初，我称之为立教时刻。在立教时刻，儒家深刻地影响了帝国，具有高度意识形态性的中央帝国体制得以确立。尽管毛泽东说“百代都行秦制度”，谭嗣同说“两千年来之政，秦政也”，但是，秦始皇帝开创的中央帝国模式，到了汉初才确立了国教合一、儒法合体的体制，进而稳固下来。汉承秦制，实际上汉又创造性地稳固了秦制。第三个节点就是清末民初，我称之为立宪时刻。立宪时刻的使命，就是要重构国民和国家的关系并重新搭建横向和纵向的政权关系,令国家所有的重大权力都受到宪法约束,以新理念重塑权力制衡,使个体成为有较大独立性的受保护的自由个体,使社会成为饱满的巨大空间。总之,立宪时刻在理想意义上迎来的,是一个减少国家监护的、公权和私权界限分明的、重新塑造的但又是依国族土壤塑造的新国。

现代法政的起源,就发生在这个立宪时刻。所以,从纵向的中国史来看,现代法政的起源具有制度上的“两千年性”,立国、立教、立宪,都是以两千年为间隔的制度变革时刻。如果我们回溯历史,看到儒家文明在中国史上光辉无限,其实,儒家正是享有这历史上的“两千年性”。现代法政在接下来的两千年里,就将发挥儒学在19世纪之前那样的作用。

而从横向来看,现代法政在中国的起源,也是世界史上的重大事件。美国建国重要,重要在一个国家和一种新制度由此诞生;法国大革命重要,重要在新的革命模式由此席卷而来。但此前,世人还没有在这个意义上来观察中国现代法政的起源,其原因无非两条:一是中国当时创立的现代法政制度,是移植的、仿制的,似乎一个制度上的后发国家,就不值得成为世界级的研究对象;二是从清末以来,百多年来,中国的国力和国内的制度建设,都没有达到真正意义上的举世瞩目的程度。就像奥运会,只有像中国这样渴望被世人关注的国度,才会如此在意。但接下来,情况会有不同,因为中国这个国家,其经济总量崛起成为世界第一,迎来“中国经济再崛起”。我们回顾过去五百年的历史,总能看到强国的金牌在轮换主人,谁拿到金牌,谁就有了被他人关注的资格,有了这个资格之后,其历史尤其是现代开端的历史也才值得珍视。

所以,在横向范围内,可以预期的是,现代法政在中国的起源,百年之中将获得更多的全球性关注,成为大范围的历史课题。人们会像今天关注《大宪章》和《独立宣言》一样,来关注我们在百年前的法典。进一步说,与经济总量第一相比,中国同时期的法政制度供给并不令人满意,回溯法政起源,从而锤炼出更能匹配于亿兆斯民共同缔造的经济总量的法政制度和法政体系,也值得世人共同商量琢磨。

回溯现代法政的起源,我们无疑应当致敬百年前的先辈们,至少在于三点:其一,在现代法政的起源时刻,主事者对旧法政的变革极为系统。将那些主事者称为“中国人民的优秀儿女、我国法律和政治事业的卓越领导人、杰出的改革家”亦不为过。法政的建设没有试验田,没有实验室,百年前的前辈们的系统改革,就是给我们做了一场浩大的实验,我们思考当下和未来的相关改革时,不能不审视那段历史。其二,从清末到民初,许多变革是延续的。这一点,我在本书的《1912 年的法律与革命》中做了阐述。延续,而不是切断,就能做到制度上的深耕。其三,变革何其难哉,如何因应国情而不是生硬移植,如何突破阻力而又平和推进,如何面对危局而又受命不迁,既需要变革者的智慧,也需要勇气和耐力。当然,他们的许多变革和建构还是失败了,然而失败的故事是好看的,失败者的内心,闪耀着使命感之光。历史给失败者授予勋章。

我们应当为这些先辈感到自豪,而今天,似乎有力量让人们对法政起源时分的故事不那么自豪。一方面是因为不论是中学还是大学的近代史教育,或是法科的法律史教育,都没有真正公允地书写百年前的法政前辈,以至于对现代法政起源时刻的诸多史事和制度成绩的叙述,很大程度上仍然是理论法学领域里的自说自话;另一方面是因为某些宣传性的批判,使得人们过于标签化地去看待百年前的历史,更难做到心平气和地回到历史现场来面对那些本来很鲜活的个体。

诗人顾城在小说《想象力》的结尾写了两句话:其一:“生下来就中了十面埋伏”;其二,“时代来去如风,故园荒草如金”。“生下来就中了十面埋伏”,20 世纪以来,我们的环境似乎总是很艰难,但艰难之中,我们仍然要点亮光明正大的星火,而不是对混乱、错谬以至于倒退的理念和制度建构低头,一百年前如此,当代同样如此。“时代来去如风,故园荒草如金”,这启示我们不仅应该看看讲法国大革命、英国大宪章和美国司法制度的书,还应当看看讲百年前的中国大革命、中国大宪章和中国司法制度的书。

面对现代法政的起源这个大话题,我采用的是所谓以点带面的做法,也可以说还有一些故事性。我是想从过程中找到道理。至于书中一些看起来文学性的描述,例如《钦定宪法夭折记》一文,都来自相关史料,例如《汪荣宝日记》。具体内容,当然都在书里,这里不用重复。关于清末的法政光谱变迁,还可参看我即将出版的《大国立宪:立宪时刻的儒家、秩序与革命》一书。

本书当然是带着问题意识写的,这里说的问题意识就是对当代改革的观察。

本书也是带着价值情感来写的,这里说的价值情感就是对中国未来的祈福。

我们回到现代法政的起源时刻,无非是想给当代中国寻找历史上的同路人,并辅弼未来中国的良性转变。

目录

帝 国

反改革者:陆润庠 3

反改革者:樊增祥 9

安顿贵族 13

废科举:“读书人”转变记 17

司法改革中的法官级别 21

司法改革时间表 25

戊戌变法平反记 29

制宪的开启 41

《钦定宪法》夭折记 45

元 年

抢夺宪法“抓手”:临时约法的故事 61

孙中山为什么捍卫临时约法? 72

梁启超的宪政预言 80
改造同盟会 86
政治竞争 94
1912 年的法律与革命 98
弹劾吕志伊案:民国弹劾第一案 103
致敬捍卫领土的先民 107
藏在衣服里的自由 112
从“偏途”到现代公务员 117

北　洋

宋教仁与民初宪政 123
要“限权”,还是“威权”:谈袁世凯称帝 128
从袁世凯看威权主义 132
中国首个国会的诞生 137
威权与革命激荡下的国会命运 145
天坛宪草的制宪权争夺战 150
天坛宪草起草记 159
“儒家入宪” 164
失踪的法律家章宗祥 168
许世英与司法改革锐进 172
梁启超与司法改革倒退 176
知耻近乎勇:领事裁判权新议 180
杨荫杭公案 184
公民教育 192

五 四

五四与宪法 199

作为法律事件的五四 204

从五四看宪法自由 210

与陈独秀论爱国书 217

与顾颉刚论中华民族书 223

张国焘版的《背影》 227

思想史上的孤独者 232

1927 年的三位逝者 236

帝　国

反改革者:陆润庠

陆润庠的一生,完成了一个大悖论。这又是个不奇怪的悖论。从人中龙凤变成既得利益者,从既得利益者变成改革反对者——从陆润庠和许多精英身上体现的这个规律,我们必须注意到。

如果不是历史确实发生了,谁能想到,就在1911年辛亥革命发生前后,湖北乃至全国的革命风潮已经风起云涌之时,清政府里边的一位大人物还在大声斥责改革?这个人,就是清政府的正一品大员,汉族职务最高的官员之一——大学士陆润庠。

1911年,陆润庠刚好60岁,正是志得意满的资深官员年纪。在清政府里边,他已做过国子监祭酒、工部尚书、吏部尚书,此前还在苏州开了官办的纺织厂,担任大学士也已经好几年。就是这样一个掌管过最高教育机构,掌管过全国的工程建设、组织人事,还有过创办和管理大国企经验的人,成了清代宪政改革的反对者。60岁这年,我们的大人物陆润庠上书最高当局,请求将清末新政酌量停办。

陆润庠所谓的"酌量停办",当然只是一个修辞。他要停办的,恰好是最要害的几个进行时状态的改革。

他首先反对的,是军事改革。他批评当时的军事改革选用没

如果不是历史确实发生了，谁能想到，就在1911年辛亥革命发生前后，湖北乃至全国的革命风潮已经风起云涌之时，清政府里边的一位大人物还在大声斥责改革？

有行伍经验的留学生,言论是纸上空谈,作用是徒取形式。他建议完全回归旧制度,军法纪律悉仍旧章。这就节省了练兵经费。

稳步推进的司法制度改革招致了陆润庠的反对。他认为,审判制度改革中,选用的都是没有审判经验的法官,于是带来黑白混淆、是非颠倒的局面。善于断狱的老吏们,却得不到各省负责人的任用。"州县捕役轰然各散,司法巡警缉盗无能。"[①]在司法改革到达的各省省会及通商口岸,已经出现寇贼日益猖獗之势,若将来各府州县一律办齐,必至遍地皆盗。陆润庠的建议是,马上停止新型审判的改革,仍把审判和缉捕的权力还给旧州县衙门,这才能做到惩凶暴而安善良。这就节省了审判经费。

陆润庠对各省议会即谘议局的议员们极为反感。在他看来,这项制度选拔的都是不熟悉老情况的新议员,放言无忌,掣肘地方当局,各省负责人却无法禁止其言论。有些议员借筹款之名,鱼肉乡里;窃自治之号,私树党援。1910 年,国家议会即资政院开议,竟至大声谩骂,藐视朝廷,以辩论为通材,以横议为舆论,谬说沸腾。于是,最好的做法是停办国会,回到由谏院负责建言的制度上,还省了筹办各级议会的钱。

作为曾经的山东省教育负责人,作为掌管过国子监的老牌教育官员,陆润庠对新式学堂充满怨言。在他看来,新学堂聘用的都是未读古书的教师。这些新老师使用的教科书,仅仅做到了普及知识,而不是培养栋梁。学校章程悉由部定,地方督抚无从参与焉。其甚者,有些教师倡导毁弃五经之说,这简直像秦始皇焚书一样摧残旧学。陆润庠大学士愤愤说,新学堂居然放漫长的暑

---

① 《大清宣统政纪》,卷六十二。

假,星期天还休息,毫无拘束。那些血气未定的青少年们,必然借此结党为非。陆润庠建议:停办中小学堂,仍用经策取士,这样,各省筹办学校的财政负担也就卸掉了。

把军事、司法、议会、教育制度都停了,还有清末宪政改革吗?陆润庠不愧是清政府体制内的大员,懂得如何击中改革要害。

面对反改革者的言论,我们只觉得又气又笑。陆润庠的螳臂当车,固然已被历史证实为无用的"唱空"——此人的极左思维不仅经不起历史考验,而且几个月就被共和新政权给淘汰掉了。可是,假使我们处在当时的改革中,哪个改革者不会被这位大人物的言论压制得难受呢?更重要的是,哪场改革里没有陆润庠式的人?

阅读陆润庠的反改革言论,倒是有助于我们对反改革者常用的调调做一番归纳。

首先,反改革者一定会抓住改革中出现的问题。改革早期,改革者必然缺乏经验,急躁的改革者还会遭遇一定时间的水土不服,遭遇反弹,甚至一时无法应对出现一定的失序局面,这都是正常的。何况改革方向确定下来之后,不见得每项改革都是对的。改革允许试错。但是,陆润庠在对清末司法改革开炮时,就努力抓住改革中出现的问题,用小正确来责难大正确。

其次,反改革者会对改革的成本和收益做短期计算。改革必须付出各种成本,其中一项成本就是巨大的财政投入。"省钱"往往是个反改革的利器。钱花了,享受改革收益却不知在于何时?由此,陆润庠请求最高当局统筹全局,革除全面改革的流弊,这才是亡羊补牢。陆润庠引用了商鞅的政治对手甘龙的话:"利不百,不变法。"他进一步引申说:"害不百,不变法。"如果改革的收益达不到一百分,就不改革,如果目前的弊端也不到一百分,也不改革。在他看来,改革就应该是求百利而无一害。可是,怎么会有无本万利的改革呢?

再次,反改革者本身就是利益集团成员,而且善于联合利益集团。从陆润庠经历来看,此君一直仕途顺利,行走于权贵之间,绝对是汉族官员的翘楚。像他这样的人,不仅不会从改革中受益,而有可能基于反改革立场而在改革中被边缘化。于是,他最好的选择之一,就是联合有可能或者已经被边缘化的利益集团共同体成员。从上述他的反改革言论看得出来,一些省份的都督是他联合的对象。这些督抚原有的权力受到清末宪政改革的冲击,自然不甘心。

最后,反改革者善于迎合改革失意者们。在陆润庠言论里,我们能看到一些旧人在改革大潮里成了失意者,譬如不掌握新法律知识的老人,譬如对新学堂知识一脸茫然的老教师。如果把这些旧专业人士一把跑到路边,改革者一骑绝尘,那改革绝对是错的。在这一点上,陆润庠代表了这些曾经有过贡献的失意者发声,尚属不无道理。进一步说,改革不是革命式地推倒重来,刚健的改革者必须兼有保守主义者的温润气质。这都是对的。但是,失意者们联合反对改革,而且陶醉在改革前的旧梦里不愿醒来,那绝对是错的。

文章结束时,我还想说说陆润庠早年极为光鲜的一个身份——他是1874年的状元。33岁时成为状元,陆润庠真是人中龙凤。在助推他成为状元的试卷答题中,陆润庠也恳请过皇帝求治求新:“臣尤伏愿皇上,治益求治,新又日新。”可是,最后他变成一个反对求治求新的大官僚。

陆润庠的一生,完成了一个大悖论。这又是个不奇怪的悖论。从人中龙凤变成既得利益者,从既得利益者变成改革反对者——从陆润庠和许多精英身上体现的这个规律,我们必须注意到。

反改革者:樊增祥

这位大名人、二品官是真不明白还是装不明白——法学院是培养匡时济世、定分止争的人才的地方,其学生必须洞明世事,法学院不是纯洁的僧侣和修女的培训学校。

1904 年的某一天,陕西省学律馆的馆令(相当于陕西法学院院长)游君呈上一份文件,里边使用了“起点”这个词,就引来了樊增祥布政使的雷霆震怒。

八年之后,刚刚上任不久的民国总统袁世凯致信樊增祥,对清末时期的樊大加赞许,[1]信里说:您的学术,可谓在董仲舒和贾谊之间,举世钦佩。庚子年、辛丑年,也就是 1900 年和 1901 年,您屡屡参与重要决策,于国有功,这一点可能人们还不够了解。但是您治理陕西,不论筹款还是办事,民众都无怨言,在当时各省绝对屈指可数。您简直可以和东晋陶侃治理荆州相比啊! 袁世凯在信里讲到的 1900 年、1901 年的事,就是指慈禧和光绪到西安避难前后,樊增祥作为陕西官员的出谋划策和忙前跑后。因此得到慈禧和光绪这两位最高领导人赞许的樊增祥,在受命出任陕西布

---

① 《致樊樊山》,载《袁大总统书牍汇编》,上海广智书局 1920 年版,卷六。

政使之后,自然志得意满,批评起下级来自然毫不含糊。

和樊增祥深受朝廷信赖的极度自信并列的,还有两条,一是他在诗歌上的赫赫大名。樊增祥和李慈铭、易顺鼎等,构成了清末诗人的第一集团。二是他在陕西的顶顶政声。他在渭南长期担任知县,自认为积累了大量的行政和司法经验。

对旧体诗的热爱令他憎恶新词,长期的行政和司法实践令他相信本土经验的强大和管用,极度自信令他可以毫不掩饰地批评下僚。于是,即便是一个"起点"的字词使用,也引得这位从二品高官写了大段的申饬文字。

樊增祥说:今天的年轻人们,稍稍涉猎洋书,就拾点报刊牙慧,生造字眼,把那些古今从没见连起来的字眼凑起来使用。其实西方知识分子什么时候这么用过?这些青年人人如此,篇篇如此,不要说读者生厌,难道作者觉得这样有意思吗?去年湖北的举人考试,湖北巡抚端方详加戒谕,对诸如"改良""起点""反映""特色"之类的词汇,一概不准写上试卷。①

樊增祥举了自己的例子,来告诫这位法学院院长下级。他指出,我对于本省大学堂考试里头出现的"文明""野蛮"这样的字眼,也曾经严厉斥责过,难道游馆长不记得了?去年,南郑县上报的材料出现了"起点"的字眼,也被陕西巡抚追究责任了,难道这也忘了?你游馆长似乎有点自鸣得意,还继续使用,简直是吾辈之耻!樊增祥把棒子还打到了知名媒体《申报》的头上,他说:"中国文字,自有《申报》馆而俗不可医!"到了1898年戊戌年以后,"此等丑怪字眼始络绎堆积于报章之上。无知之物,承窍乞余,相

---

① 樊增祥:《樊山政书》,中华书局2007年版,第161页。

沿相袭。”他说,我樊某人作为陕西布政使,一省负责人,发誓以天赐扫帚扫此垢污!

学律馆是新设才三四年的法学院。学律馆设立了,该学点什么?用什么语言展开学习?如何与社会对接?想来这是1904年的陕西游馆长颇为发愁的问题。在北京,沈家本和伍廷芳正带领一帮中国人和日本人抓紧制定新法律,修订旧法律,但是那还是纸上蓝图,还没成为法学院的授课内容。那么,无奈,就教当时适用的旧大清律例吧。可是,毕竟这是在西部名城西安,外面的《申报》等各种媒体纷纷使用新词,探讨新问题,法学院的老师学生们又不闭目塞听。于是,游院长可能不知不觉习惯了新词汇,就写了“我们把今年开学作为学习大清律例的新起点”的汇报材料。游院长说者无意,樊省长听者有心,游院长的话被当成了污垢,引来了樊省长的扫污誓言。

不久,学律馆改设为“课吏馆”,其中设有律学分校。樊增祥又继续敲打学员们,要好生学习《大清律例》《经世文编》《谕折汇存》《外交报》。樊增祥说:有志读书的年轻人们,你们要“仰体国家培养之至意,深念本署司等造就之苦心!”

一方面,樊增祥要求陕西法学院学员们怀着对国家和省级领导的责任感和感恩之心来跳舞,另一方面,他又给这些老师和学生们套上了两大枷锁:语言,决不能使用“文明”“野蛮”“起点”“反映”“特色”这类的报纸流行起来的新词;内容,必须围绕《大清律例》来。必须使用“不添加任何食品添加剂”的旧语言、旧材料,这就是准省长樊增祥安排给法学院的“本土资源”。

生活在古典语言和古典法令王国的樊增祥,把语言和法典这两大本土资源的纯洁性捍卫得显然是过头了。

《申报》是一家市场化媒体。作为一家媒体,固然有引领风潮造成时势的责任,但是,适应市场,也即适应民众需求,是生存之本。当作为媒介的《申报》把“文明”与“野蛮”这类词汇推广开来时,显然,这不仅是《申报》自己在推广,还是成长中的年青一代在推广。樊增祥也说了,戊戌之后,各种新词更甚嚣尘上,这也来自社会的需求。《申报》创办于1872年,那年樊增祥26岁,从26岁到58岁,《申报》长大了,崛起了,憎恶《申报》所倡导的语言和观念的樊增祥却老了。老了,他却有足够的权力,有权力给法学院的舞蹈套上枷锁,把《申报》一类关在法学院的窗户外面。

可是,不止一家《申报》,各种媒体都纷至沓来了。甚至,连朝廷都开启了修律工程。面对几年之后陆续颁布的新法律,热衷于给法学院的舞蹈大套枷锁的樊增祥,又当作何感想呢?其实,新法律多也在处理旧式纠纷,新法律是为纠纷的处理设定更好的程序,求得更好的审理结果。新语言何尝不是表达旧内容,只是要丰富表达形式。樊增祥的枷锁,是将自己个人对旧的内容和形式的热爱,强加到了新学生的头上。枷锁太重,舞蹈就太难。

时光推进到民国成立,当早已卸任陕西布政使的樊增祥收到袁世凯总统的褒奖信函,而又面对“文明”“野蛮”之类词汇更加盛行、无人不用时,他又该作何感想呢?

还有一点,我很想指出来。樊增祥在1904年、1905年强调法学院只能看《大清律例》《经世文编》《外交报》之类,表明他只信赖“主流媒体”的信息和来自朝廷的声音,却不懂得兼听则明的道理。樊增祥躲在书斋,不是写诗就是批阅各地送来的文章,这位大名人、二品官是真不明白还是装不明白——法学院是培养匡时济世、定分止争的人才的地方,其学生必须洞明世事,法学院不是纯洁的僧侣和修女的培训学校。

安顿贵族

贵族，在中国是一个又远离一般生活、又深嵌在生活之中的概念。

贵族，在中国是一个又远离一般生活、又深嵌在生活之中的概念。说远离生活，是说中国的官方媒体在叙述中国现实生活时，几乎不用这个词。这似乎表明中国无贵族。从溥仪和他的亲戚们被改造为老百姓之后，中国似乎没有朝野共同承认的贵族群体了。说深嵌在生活当中，是说中国人常常用到这个词。“贵族精神”“贵族生活方式”“贵族气质”“贵族学校”“贵族般的享受”，都是市民媒体上常见的词汇。这些词汇有时候用来描述国外的贵族生活，有时候也指代国内某一群人。但是，正因为中国现实生活中没有公认的贵族，所以，“贵族精神”等词尽管常见，人们却并不深究其意义。我们并不确切地知道中国人所说的“贵族精神”到底包含哪些核心的观念。

但是，在有清一代，贵族却是公认的群体，也正因此，贵族可以有公开独立的活动地带和活动机构。即使在清末向现代法政体系转轨的预备立宪运动中，仍然给贵族们准备了专门的机构。“贵胄法政学堂”就是其中的一个。

1909 年，清政府宪政编查馆，也就是清政府的中央宪政改革领导小组办公室,向朝廷上报了设立贵胄法政学堂的请示。之所以设立这个机构,是为将来的贵族院储备具有法政意识和法政知识的贵族人才。在宪政编查馆看来,预备立宪之后,颁布各省谘议局章程并开办资政院,这就构成了上下议院的基础。“夫上议院或称贵族院,日本皇族至二十岁,公侯至二十五岁,例为贵族院议员,任期终身。我国贵族一阶,本居少数,凡宗室蒙古王公满汉世爵将来皆可膺上议院议员之选。”①宪政编查馆认为,若上议院议员懵于学识,与下议院人才相去甚远,“是虽酌采两院之制,而有偏重一院之弊”,这将深刻地影响到未来的宪政运转。“储政才而裨治本”,这就是他们设立学堂的出发点。

贵胄法政学堂的入学资格采取资格制。非贵族子弟不能入学,贵族子弟必须入学。“凡宗室蒙古王公满汉世爵及其子弟曾习汉文者,皆令入学。闲散宗室觉罗及满汉二品以上大员子弟,亦准考取肄业。正科四年毕业,简易科二年毕业。”这个学校的规格很高,派王公一员、二三品大员一员,分任该堂总理监督之职(贝勒毓朗充贵胄法政学堂总理。农工商部左侍郎熙彦、翰林院学士锡钧充贵胄法政学堂监督)。这个规格,简直可与最高审判机关大理院一比高下了。

学校管理很严,认为“惟立学以广陶成,而行法必严惩劝”。宗室王公子弟为满汉世臣之表率,如有及岁未能入学及半途退学等情,必须严格儆戒。年在18岁以上、30岁以下,除了没有担任行政职务的,都必须入学。凡应入学而不入学的宗室王公世袭及

---

①《宪政编查馆奏遵设贵胄法政学堂拟定章程折》,载王学珍、张万仓编:《北京高等教育文献资料选编(1861—1949)》,首都师范大学出版社2004年版,第250页。

其子弟,如已袭职,停其差俸两年。如未袭职,停其袭封两年。均勒令入学,仍不入学,则再停五年。入学之后,如果严重违反学校规章制度被开除学籍,以及无故自行退学,同样停俸五年或停袭两年。清政府要求学校负责人担负起管理责任,"如有及岁尚未入学与入学后半途退学,或不恪守学规等事,该总理等尤宜破除情面,劝惩一切,照章办理,勿稍宽假,认真劝勉,广储干城"。这样,在他们看来,才能实现朝廷兴学教胄、文武兼资的目标。

贵胄法政学堂的办学,没有得到历史检验,也没有积累历史经验。随着两年后民国的建立,贵族制度风雨飘摇,贵胄法政学堂也就失去了存在的根基和制度保障了,此校旋即消失。此校存在时间太短,但也在历史上记下了有意味的代表性一笔。

贵族在各国,都是或都曾是重要的群体。贵族生活在闲适的环境里,创设出精致的生活方式,有的还凝练出某一种自珍自爱、不愿低头的品格。贵族创造过文彩斑斓的艺术成绩,也推动过法政领域的变革。托克维尔就曾说:"贵族制度精于立法科学,而民主制度则不善此道。贵族制度有自我控制能力,不会被一时的冲动所驱使。它有长远的计划,并善于在有利的时机使其实现。贵族制度办事讲究,懂得如何把法律的合力同时会聚于一点。"

中国人对于贵族,可能有一种"叶公好龙"的心态。人们讨论"贵族精神"和"贵族气质"时,多有称羡之意。这似乎表明中国人希望本土能产生贵族。可是贵族真的来了,国人未必会接受。当平等观念生根,劳工神圣观念构成了合法性基石时,人们很难接受基于血统而产生的正式的贵族制度。

但是反过来说,虽然没有贵族,世界上任何一个国家却不会没有准贵族或类似贵族。功绩、财富和某一个社会阶层的抱团意识,将促使社会阶层发生分化。此时,如何塑造“上流社会”的公共意识就极端重要。作为掌控社会资源的人,“上流社会”如果品位不高、责任心不强、现代法政意识淡漠、知识匮乏,只知道简单地攫取,一味抢占资源、奢靡享受,对中产阶级和弱势群体居高临下,这就谈不上有什么“贵族精神”和“贵族气质”,而将带来阶层对立情绪。反过来说,这个群体如果英姿勃发,意识清晰,才华出众,关爱社群,生活方式还很精致,也不失为对社会的引领。

贵胄法政学堂的启示是,要用伦理学、国文、国朝掌故、宪法、法制大意、行政法、政治学、政治史、比较宪法、刑法、民法、商法、国际公法、国际私法等一系列课程来充实“贵胄”的头脑。尽管贵胄法政学堂的入学资格设置不一定合理——只有贵族后裔有资格,平民无资格绝对有违平权观念;毕业生出路的设定也不合理——贵族后裔就一定前途坦荡,但是,他们的出发点和方向感是好的。进入现代社会,就要这样教育贵族,才能培养出最切合时代的“新贵族精神”。

废科举:“读书人”转变记

如果我们把科举制和西方的一些犹有生命力的组织和机制作对比——例如神学院和英国的律师会馆,会发现专业性的缺乏是科举制必亡和无法创造性转化的基本原因。

2014 年是清末最后一场科举考试 110 周年。废除科举和预备立宪既为民国打下制度基础,又铺垫了民国的到来。近年来,不少学者都带着怀念的口吻谈论科举制。大家都知道科举制的废除是迟早的事,而且似乎不存在经过创新而继续存在的可能性,但是,科举制的公正性和它对阶层流动的促进,的确值得纪念,而且成为评价替代制度是否合理的一把标尺。

美国社会学家希尔斯曾经概括传统的意义,在于需要依赖于体制、权谋、官方,体现为某种暴力。① 科举制就是这样一种具有强制性的“格式化”传统。每个时代,万千儒生都以科考成功为愿景,在书剑飘零中,为之焦虑沉郁,癫狂入魔。看看当时小说戏曲中那些善良而呆头呆脑或简单悖德的年轻主人公,多少故事是发

---

① [美]爱德华·希尔斯著:《论传统》,傅铿、吕乐译,上海人民出版社 2009 年版,第 25 页。

生在科考路上:从崔护、崔君瑞到陈世美、李甲。但国家简直成功地把所有精英家庭和年轻人的积极性都调动了起来。于是,国家顺利实现了一种希尔斯所谓的“权谋”,将儒家意识形态渗透在这样一个科考机制中。

科举考试的内容,尽管属于韦伯指出的“非专业考试”,但通过对于儒家经典的解读,而实现对于国家统治技术的思考,使得书生兼具代圣贤立言的传道者、道德实践的践行者、国家建设的思考者三重身份。一个普通的儒生,与儒家圣贤和天下国家的事业紧密相连。这就使得读书人成为旧的王权体系的社会基础。所以,多位论者将1905年的科举制废除,看成中国整体旧制破解的标志事件。

科举制带来了巨大的社会阶层流动机制。科举制这一项考试,乃是现代社会多项考试和面试的叠加。科举制的结果,不是找到教育机会,而是“找工作”。这项工作,带着成为国家精英的荣耀与走入士绅阶层的世俗尊严感。在这里,儒生的“读书人”身份与国家官员之间有了一座无障碍的桥。读书人从社会底层或中间阶层,得以流动到上层。一个人可以凭借自己的努力获得向上流动的机会,这就是社会公正在某种程度上的实现。

科举在操作上的公正期待,给了中国人坚持操守和相信秩序的信心。正因为这样,当“朝为田舍郎,暮登天子堂”的天子门生出现在皇闱考场,君主和考生的互相认同才能超越时代而给今人带来某种愉快感。即使这种社会阶层流动,还不足够有解放的精神;即使由此建立的官僚制,并非基于专业分工,也更不要求现代技术官僚的职业素质;即使其时的公正与机会均等机制还让人有足够批评的空间,但北宋40%的显要官员出身寒素的统计,仍可令人心中一动。

有趣的是，"读书人"这样一个亲切而颇具特色的称呼，正与科举制的时间有种切合。此词最早见于隋书，而宋太祖"做相需用读书人"一语，[1]概括出国家官员和读书人之间的一体双面关系。隋唐兴起的科举制，到北宋，越发扩展到中国社会阶层。重视文官，强调科举考试的选拔通道，令读书人群体越发扩大到各阶层。国家尝到了科举考试带来的整合意识形态、选拔官员、实现阶层流动的甜头。基于科举制构建的国家体制，从上层的翰林院到各级政权坚定的"派出干部"，都为中央服务，在一定意义上，这成为国家体制中解决中央—地方关系的基本权谋之一。在这里，读书人的天下情怀有了展现的平台。

但问题是，科举制作为缺乏专业性的精英选拔机制，在现代社会到来的前夜，已然面对种种不适应。就在 1904 年最后一场科举考试中，已经有了一道昭示科举制必亡的考题："学堂之设，其旨有三，所以陶铸国家，造就人才，振兴实业。国民不能自立，必立学以教之，使皆有善良之德，忠爱之心，自养之技能，必需之知识，盖东西各国所同。日本则尤注重尚武之精神，此陶铸国民之教育也。讲求政治、法律、理财、外交诸专门，以备任使，此造就人才之教育也。分设农、工、商、矿诸学，以期富国利民，此振兴实业之教育也。三者孰为最急策。"——"陶铸国家""造就人才""振兴实业"，没有哪一项是现代社会里科举制能完成的任务。连自己的考题都如是说，科举能不亡？最后一场科举考试的题固然很好，但无非是帝国夕阳的最后一束阳光。

---

① 《续资治通鉴长编》，卷七。

如果我们把科举制和西方的一些犹有生命力的组织和机制作对比——例如神学院和英国的律师会馆,会发现专业性的缺乏是科举制必亡和无法创造性转化的基本原因。但是,必须要说的是,中国读书人固有的天下情怀,从科举制废除之后,也的确有所式微。而科举制带来的阶层流动和社会公正,在110年来是否得到较好展现,也值得人们警思。

如果说,在中国古典社会,科举制下的读书人接受的是儒家经典,那么在今天,儒家经典或许应当替代为创造性转化后的公民精神。在此,值得再引用希尔斯的话:"良好及高尚的风尚意味着尊重社会成员的尊严。具有高尚风范的社会是这样一个社会,在这个社会中,成员们在行动中彼此体谅,承认个人基于其人性以及政治共同体成员资格而获得的尊严,并受到制度的保障。"①中国的课堂上,必须有这样的教育,这才能培养出即古典读书人之后的真正的现代公民。

① ［美］爱德华・希尔斯:《论传统》,傅铿、吕乐译,上海人民出版社2009年版,第25页。

司法改革中的法官级别

民国成立之初，一位作者就指出：民国的议会还不够完善，责任政府没能建起来，尚不完善的司法反而最能展现宪法之治了。

1906 年，清廷仿行立宪，对官制进行了改革。官制改革，也就是政府改革，无疑是政治体制改革的重要组成部分，其旨在廓清积弊，建立符合立宪国家需要的政府体制。这场改革也奠定了民国前期官制的基础，完全可以说是民国国家建设的先声。

此次改革中的大理院改革，成为近代中国型塑新司法体系的重要一步。从 1902 年发起修律，到此时建构起新型大理院，表示从立法到司法，中国都逐步迈向近代化。有意思的是，不管是修律大臣，还是大理院的首任正卿（也即首任首席大法官），都是沈家本。

在此次改革中，司法在政府和社会中的职能无疑凸显了。这一点，从机关和职官名称里就有体现。大理院官制说帖中指出："司法衙门宜与行政各官稍有区别，以示司法特立之意。"①虽说事实不一定如其所言——将司法衙门的职官名称与行政部门实

---

① 《大理院官制草案》，载《东方杂志》1906 年临时增刊。

行差异化,不见得就能推动民众对司法产生深刻印象,但至少说明建构新司法的意识处处试图显现。民国成立之初,一位作者就指出:民国的议会还不够完善,责任政府没能建起来,尚不完善的司法反而最能展现宪法之治了。

但是,实实在在地在中国的土壤上建构新的大理院,的确没那么容易。

当时,有一个很现实的问题——尽管是改革官制了,那么法官要不要有官品?也就是说法官要不要有与其他行政部门一样标准的“行政级别”?怎么设定法官的官品?这就是很中国很本土的问题。

清末的制度设定者们是“接地气”的,答案是肯定的——不论是大理院官制的草案,还是后来正式通过的方案,大理院各个官员,也就是高级法官们的品阶都赫然在上。大理院各个官员的官品是:正卿,正二品;少卿,正三品;刑科、民科推丞各1人,正四品;推事28名,正五品,刑科、民科第一庭各4人,第二、三庭各5人;典簿厅都典簿1人,从五品;典簿4人,从六品;主簿6人,正七品;八、九品录事30人。

既然说司法要“特立”,要独立,为什么又设置了与行政机构官员们一样的官品?为什么要接这个地气呢?分析起来,这样操作有个基本的前提,就是要提振大理院的士气。所有的改革,都不能从白纸做起,从白纸也很难做起来。改革,都是继受了已有的遗产。大理院继受的遗产,就来自大理寺。而清末的大理寺,显得低迷消沉,颇需要振作一下。

大理院刚刚从大理寺改来时,按照沈家本的说法,属于“衙门初设,既无经费之可筹",①又乏人才之可用。大理院经费紧张到什么程度呢?"办公经费,岁止六百金,皂役津贴银两,岁不过数十金,按季由部库拨给,为数至微,无裨实用。"清末财政紧张,各项赔款更增加了中央财政的负担,大理寺与朝廷的核心和紧要事务关系不大,变成个严重缺钱的"穷单位"。大理院人才匮乏到什么程度呢?"其职固重且要也,沿袭既久,名实渐乖。详谳已等虚文,会听只循故事。重以经费支绌,振作难期。虽有贤能,未由展其尺寸。官之失职,有自来矣。"大理寺素称闲曹,"且中国积习,大都不愿为刑官"。这个"穷单位",有的只是一群颇有慵怠气息、对新法律新法理满是陌生感的老式人员,的确需要广揽专业人才。此时,不论是为了振作已有的老人,还是延揽未来的新人,"穷单位"都得拿出通俗易懂的激励来,官品就是这样一种可资运用的实惠。更何况,在新官制确立之前,在 1906 年政府改革之前,大理寺正卿不过是正三品官,此次提升为正二品,大理寺官员也都普提,这个对整部门的巨大鼓励,绝对是"接地气"的激励方式。正因如此,大理院官制里特别把每一级职位的官品都写了一遍——其他行政机构就没这么细致。

这样接了地气了,把法官完全行政级别化了,还提升了行政级别,是否一定有助于司法建设?当然能。我们不能忽略当时的中国土壤,不能忽略大理院从大理寺改制升级而来的基本事实。改革者肯定是照顾了国情。

但是,我们还需看到另外两点。

第一,司法与行政既然是同一个标准,就有可比较性。尽管

---

① 《大理院奏谨就司法权限酌加厘订折》,载《东方杂志》1907 年第 6 期。

清末提升了大理院正卿的级别,但仍然只是正二品,其上仍有从一品和正一品两级。就地方来说,京师高等审判厅,厅丞1人,正四品。而作为警察机构的内、外城巡警总厅,厅丞各1人,初制正四品,1907年已升为从三品。这一比,京师警察的负责人又把京师审判的负责人给比下去了。看起来,只要是使用了同样的行政级别标准,政府对司法的品阶配给又没达到足够大方的程度,司法就可能被比下去,这比下去时,司法独立的底气就少了一些。

第二,首席大法官沈家本常常提到洋人的法庭,洋人的法庭里却没有中国式的级别。沈家本心里常常放着司法的国际竞争——国门之内的国际竞争。洋人开的法庭,就在租界之内,以其良好的司法机制宣示中国司法的不足。沈家本对此始终耿耿于怀:"方今环海交通,强邻逼处。商约群争进步,教会遍布华洲。愚民每激而内讧,利源遂因之外溢。且复借口于我之裁判法制不能完善,日谋扩张其领事裁判权。主权不伸,何以立国?"①"则大理院之设,诚为改良裁判,收回治外法权之要政。顾事关创举,经始为难。不更张其形式,无以收善成善作之功;不广揽夫人材,难以收群策群力之用。"②可是,新法院用了老级别,这算是形式的更张吗?

---

① 《谨奏为院务重要酌拟大概方法恳恩敕部拨款以资开办恭折仰祈圣鉴事》,载《司法奏底》第14册。

② 同上。

司法改革时间表

1909年,清政府中央的法部向清廷中央提交了司法改革的时间表。该时间表以九年为期。我以为,这个时间表奠定了民国时期以及整个20世纪中国司法制度的基础。

1909年,清政府中央的法部向清廷中央提交了司法改革的时间表。[①] 该时间表以九年为期。我以为,这个时间表奠定了民国时期以及整个20世纪中国司法制度的基础(即使是1949年之后建立了一套迥异于民国时期的司法制度,迥异的前提也仍然是对其进行了参考,摒弃也是一种参考),对当前和今后的司法改革也极具参考价值。时间表值得录于此,以助我们了解其全貌。

第一年,拟建成京师北京的各级检察厅;要求北京的高等审判厅、北京内城的地方审判厅、初级审判厅一律成立;修改新刑律,构成新司法的适用依据;规划司法统计事宜,形成研判改革司法改革和对司法实行数字化精细管理的基础;制定法官惩戒章程。

第二年,筹办北京模范监狱;在法官惩戒章程已经制定的前

① 《大清宣统政纪》,卷十。

提下,在北京率先执行该章程。筹办各省省会和大型商业城市等重点城市的各级审判厅,颁布审判厅试办章程;推广诉讼文书格式;制定法官晋升章程、法官补缺轮次表;详订司法警察职务章程;制定监狱规则和监狱管理人员惩罚规则。制定权属登记章程,作为解决财产权纠纷的依据。

第三年,将各省原来的按察使官职重新任命为提法使,作为各省司法行政负责人,建立并通行各省提法司衙门官制;筹办各省地方审判厅和检察厅;颁布权属登记章程;颁布监狱规则和监狱管理人员惩罚规则;各省省会和大型商业城市的各级审判厅,限年内一律成立;各省开始执行法官惩戒章程,统一执行审判厅试办章程;制定法官考试章程、法官任用章程、法官薪酬章程;北京开始执行法官晋升章程、法官补缺轮次表。

第四年,筹办各省府厅和州县各级审判厅;颁布法官考试章程、法官任用章程、法官薪酬章程;各省开始执行法官晋升章程、法官补缺轮次表。

第五年,会同民政部、度支部(财政部)共同提请北京开始执行权属登记章程;各省府厅、州县各级审判厅,限年内粗具规模;开始执行法官考试章程、法官任用章程、法官薪酬章程。

第六年,各省府厅、州县各级审判厅,一律成立;筹办乡镇初级审判厅;新刑律开始适用。

第七年,乡镇初级审判厅,限年内粗具规模;各省通行登记权属章程;所有权属登记事宜,暂由地方审判厅办理。

第八年,乡镇初级审判厅,一律成立;各省乡镇权属登记事宜,改归初级审判厅办理;修改法官晋升章程、法官补缺轮次表。

第九年,定法官为终身官;开始执行修改后的法官晋升章程、法官补缺轮次表。

相信关心中国司法改革进程的人，读了这个时间表都会有所感慨——原来一百多年前，人家清政府也制定了这么详细的司法改革计划！对于清末司法改革，有一些专著进行研究，但读者多为少量学术同仁。而我们的中国法律史本科教程，以至于中国法律史的研究生教程，对于清末，实际上更多关注了沈家本主持的修律，对司法改革和司法改革时间表则相对陌生。何以如此，原因可能有三个：

(1)沈家本的修律历时更长，从1902年开始，到清廷终结时，历时已近十年，成绩已然斐然，实实在在地构成了后来六法全书的基础。所以，沈家本的修律更有说头，当法律史教程的篇幅有限时，自然偏重于此。

(2)司法改革是清末预备立宪的一环，但是预备立宪兹事体大，司改只是其中一项。或许立宪派们的宏大叙事以及他们和革命党人的种种论争，也够有说头，比司改的冲突多，对中国历史进程的影响大。何况整体的司改时间表提出时，已经到了1909年，当时的人们不知道，我们这些后辈人却知道——1909年再过两年，清政府就要覆亡了。所以当时他们认真制定了时间表，却不知已濒临折戟沉沙。对于1909年，史家们已经把重点放到了改朝换代上，放到了“历史必然性”上。谁还想关心濒临仓皇辞庙日之时教坊歌曲的曲谱的艺术性？

(3)即便有的教科书和课程讲了清末司改，也是泛泛讲讲制定了什么章程、打算设立什么机构，读者和听众从中感受不到那里时代脉搏的跳动，感受不到那些改革者和建设者的规划与热忱，也难与当下改革作对比。

折戟沉沙铁未销,自当磨洗认前朝,这句诗真像给清末司改写的。清末的司改,没有因为清廷的折戟沉沙而消亡,而融入到民国和中国历史之中,要磨洗才能看到前朝的印记。而清末的司法改革时间表,虽然因为江山鼎革,没有完全执行,但其本身的制度意义,并不应因此失色。我们不能因为江山鼎革,就以成王败寇的心态,忽略先贤为国家建制所付过的心血。

重读清末的这个司改时间表,我们明显能看到其先中央、先京师、后地方的层次感;能看到法官任用、法官晋升和递补、法官惩戒、法官薪酬等各种管理制度的齐头并举,设立新法院,相应就要做到用制度管人,他们的思路是清晰的。能看到他们对监狱的重视,清末改革之前的旧式监狱与现代意义上的监狱差距实大,重视监狱,即表明他们重视人权;能看到定法官为终身制的改革目标;能看到在解决民众争议时,他们已经开始以权属登记制度来达到权属分明。我们能感觉到,改革设计者想做事情,有信念。

清末的司改时间表订了九年,九年是太长还是太短呢?从民国建元之后司法建设的历程来看,我们知道,至少经费一项,就足以难倒当时力推司法改革的英雄们。而且各地情况不同,就机构设立来说,未必能做到整齐划一地齐步走。这样来看,九年并不长。可是我们知道,当时的革命党人,比改革设计者要着急得多。改革需要大胆地试、闯,需要顶层设计,也需要朝野对共商之后的时间表的共同信守。于是,时间表像契约一样,双方履行承诺,就减少了分歧、纷争、失信。

戊戌变法平反记

当局终于永远失去了一次“传播正能量”的机会，没有以朝廷的名义宣布戊戌案平反，没有在政权的最后日子做一件垂于史册的事情。十个月之后，以至于十数个月之后，这个政权也就不复存在了。

1898 年 10 月 10 日，是光绪二十四年农历八月二十五日，这是北京快到深秋的日子，空气和政治空气都是一片肃杀。历史上著名的“百日维新”结束不久，就像六十年之后的“反右”一样，前段时间才因为政改而颇为兴高采烈的一群人，此时不仅阴云密布，而且提心吊胆，谁知道前几日“六君子”处决之后，下一个是谁？

一位年轻人，这天万般苦痛，告别北京绳匠胡同他自己的家，与两三亲友自北京经西安向四川绵竹而去。这一程，他们的使命，是扶送年轻人之父的棺柩回乡。

两天前，年轻人收到了由父亲好友转来的一位大人物的电报：急！致北京，骡马市的某店转乔先生，肖岩到北京了吗？思永扶送棺柩何时出发？如果需要经费，请告知。湘水生波，是何故也？[①]

---

① 茅海建：《戊戌变法的另面：“张之洞档案”阅读笔记》，上海古籍出版社 2014 年版，第 93 页。

肖岩,叫杨悦。思永,就是我们这里说的年轻人,叫杨庆昶。来电报的大人物,就是湖广总督张之洞。年轻人的父亲、棺柩之中的逝者,就是前几日被处死的“六君子”之一——杨锐。湘水生波,按照历史学家茅海建的解释,不仅指秋日的湘江波浪,而且指陈宝箴在大政变中被免职之事。其实,就是在一个多月前,陈宝箴才保举杨锐担任了地位极端重要的军机章京一职。

两个多月前,杨锐和弟弟杨悦,才刚刚失去了一位亲兄长,那就是在四川酉阳任职的杨聪。那时,杨锐出京奔丧之情急切,却也是张之洞的多封电报劝阻了他。张之洞在 8 月 23 日的电报中说:去酉阳扶棺柩之事,先由杨悦办理吧,运到涪陵的寺庙中。到冬天时,你再回去办理不迟啊。如果一定想回去,那你需要多少经费呢? 请一并告知。

正是张之洞的电报留住了杨锐。随后,杨锐很快得到军机章京的任命,成为光绪新政的领头羊之一。也正是在这个职务上,在他的最深度的参与中,戊戌变法经历了从峰顶到谷底的转变。最终结局是:他被迅速处决。

如果杨锐当时和杨悦一起赴四川处理兄长丧事,他未必会死。而现在的情况是,刚刚办完一位哥哥丧事的杨悦,接着在办另一位哥哥的丧事。至于杨庆昶,他在为父亲的去世难过昏迷之余,可能还有一丝后怕。因为就在 1898 年 9 月 24 日,父亲被捕的早晨,杨庆昶和杨锐的学生黄尚毅也同时被捕了。还是杨锐急切地对前来执行逮捕任务的工作人员说:他们只是应考的读书人,并未参与政事,有必要拘捕吗? 杨庆昶和杨锐这才险中获释。

至于大人物张之洞,当你看到在晚清地位如此显赫的这位督抚如此频繁地劝留杨锐,又如此关心杨锐后事,你就知道二人关系必然非比寻常,他怎会不因为杨锐的猝死而深深震撼和难过?

像一系列电影镜头一样,张之洞的慨叹、陈宝箴的愤怒与不安、杨悦的愁眉紧锁、杨庆昶的哭泣与惶恐,之后是一辆灵车,消失在从深秋到冬天的"以手抚膺坐长叹"的蜀道上,标志了戊戌变法的黯然收场。

13年后,又是秋天,杨庆昶凝重而坚毅地站到了北京街头。这是1909年,宣统元年。这时,13年前的那些当事人们都发生了大变化。光绪皇帝和慈禧太后已于1908年去世。13年前被革职的陈宝箴更早于1900年去世。张之洞正在病危中。而慈禧和光绪发起的修律和宪政运动,正在逐步推进。杨庆昶站在紫禁城西边,西单附近的都察院门口,郑重地递交了他的一份申请文件,同时又递交了一份更重要的历史文件。杨庆昶要求把1898年父亲被处决一案平反昭雪,并递上了千年后仍会被历史学家和关切中国政治走向的人高度关注的文件——光绪皇帝写给杨锐的手诏。①

杨庆昶说:父亲当年被捕后,我以为只要朝廷澄清是非,他就会被释放,谁能想到他被迅速处决?!父亲死时,我惨痛昏迷,真不知如何是好。父亲的学生黄尚毅对我说:杨老师忠诚真诚,在官方,有对上的奏折文件;在私交,有各种家信,他日定能据此呈请还他清白。但是手诏关系重要,日后应当上交中央。当前最重要的,就是我们必须把手诏秘密谨慎藏好。于是,我和黄尚毅当月就即扶柩返回四川。一路上霖雨积雪,所重者,只有先皇帝手诏和故父一棺!

① 罗惇曧:《记杨锐》,载《庸言》1914年第6期。

“今十三年矣!”杨庆昶说。本来,当年与父亲同时遇害的共是六人,这才有“六君子”之说。在中国史上,这几乎是唯一的一提“六君子”就能想到的六个人,就像20世纪30年代的“七君子”一样。可是,杨庆昶接下来却没有把六个人同提,而只提了唯一的名字,这就是四大章京之一的刘光第。今十三年矣!杨庆昶接着说,惨念故父生平志行,只和刘光第交往很深,此外并无苟同的同伴。父亲生平治学和言行,和刘光第同其本末,而张之洞先生在山西、两广和湖广担任督抚时,也都非常了解。到现在,父亲所受领的先皇帝手诏,如果一直藏在我家中而不缴送朝廷,这对不起先皇帝在天之灵。我父亲的拳拳臣节,所图仰报先皇帝于万一者,当时奏折也一定能够证明。基于此,我约了父亲的学生黄尚毅,持先皇手诏来京,肯定都察院能够代呈中央,以光先皇帝圣德,并奏请昭雪父亲的冤案。

都察院京畿道的御史收下杨庆昶的申请和呈交的光绪手诏,交给都察院台长,台长奏请朝廷交给国史实录馆。折子上去之后,朝廷必然感到棘手的困扰。不管是光绪帝真的给杨锐写过一份内容隐秘而尖锐的手诏也好,真迹在此;还是13年前事涉帝后关系和政改方向的大案,当事人提出平反,这都是让领导人极其左右为难的事情。摄政王就此事询问了71岁的庆亲王奕劻。奕劻的建议是,手诏还是不宣布为好,也不要存在实录馆,先搁置一下,以免九泉之下的慈禧太后伤心。至于为杨锐平反之事,涉及对戊戌政变的既定评价的改变,也相当敏感,还是先不碰为好。

奕劻给出的是拖字诀。可是,两位青年官员,在督察院任职的赵熙和在大理院任职的王式通,却都抄录了光绪的手诏,有人还照了相,手诏就这样开始在外面传播。戊戌政变自是名案,而光绪又给遇害的杨锐写过秘密手诏，这样的新闻，有足够的传播力度。那么，传播归传播，光绪手诏会由官方发布吗？杨锐的案子能平反吗？朝廷下一步到底怎么打算？看似中央毫无动静，此时的杨庆昶心里不免焦虑。而从杨庆昶申请书内容来看，他又为什么只写了父亲和刘光第一个人的交情呢？

想来，1909年的冬天，这些问题萦绕在北京以至于全国的政界。

杨锐之子杨庆昶申请为父亲平反，这件事需要勇气，需要对时局的缜密思考，需要对时局主流政治理念的精准把握，需要智慧。

首先，杨庆昶把这件事提起的时间，选在了光绪和慈禧去世一年之后，就很有必要。尽管戊戌变法失败后没过三四年，清廷已经积极向世界靠拢，在立法和宪政方面有较大举措，但戊戌年的事，由于事涉光绪与慈禧的矛盾，还是属于极大的敏感话题，较难讨论。在帝后去世一年之后，敏感话题渐呈平缓，此时提起，就能基本照顾到先帝和先太后的颜面，营造一种表面上的和谐状态。

其次，直击敏感事件，而又选准只为自己的父亲，同时政治主张又较为稳健的杨锐平反，涉及面较小，这就有助于平反的推进。这算是一种策略，也代表一种政治建议。

再次，公布“手诏”，石破天惊，真相大白。这份手诏可以说是揭秘历史真相的最高级文件。基于这份手诏，几个真相得以呈现：

（1）光绪推行新政初有动作而遇困扰时，最信赖的新锐，是杨锐，而不是康有为等人，成为光绪选中的密诏受领者。为什么是杨锐呢?根本原因在于杨锐是张之洞的门生,也可以说是张之洞在北京最重要的代理人之一。张之洞有一套改革主张,康有为有一套改革主张,二人同倡改革而互不相容。选择杨锐,意味着光绪在改革的内容和步骤安排上向张之洞倾斜。

如果我们再看看光绪手诏的内容和杨锐审慎思考后对光绪的答复,就更能看清这个真相。光绪说:近来,我注意到太后不想放弃那些老迈昏庸的大臣,而选择英勇通达之人,也不想彻底变法,我几次进谏,她意志坚决。我深知中国积弱不振,非退此老耄昏庸之大臣而力行新政不可。但目前若强力行之,朕位不能保。你与刘光第、谭嗣同、林旭等详悉筹议,必如何而后能进此英勇通达之人,使新政及时举行,请写好建议,供我选择施行。结尾之处,光绪写道:"不胜焦虑之至!"[①]光绪手诏的核心是他在如何选拔新人的问题上充满焦虑,让杨锐牵头想办法。杨锐审慎思考之后,回答了三个意思:第一个意思,太后把天下授给皇上,要考虑顺着她意思来,推进太难时,不宜固执己意;第二个意思,变法要有先后顺序;第三,进退大臣,不必操之过急。

以光绪对变法先锋康有为和老成封疆大吏张之洞的了解,一定知道,以康有为之激昂刚猛,如果问计于康,得到的建议就很可能是猛烈推进,不畏艰难,且不排除与慈禧正面冲突。但问计于张之洞的代理人杨锐,就可能得到较为温和的建议。杨的答复清楚不过地表明了这一点。杨锐的意思,一是要减少光绪的焦虑,二是建议光绪既要有改革信心,又要处理好与慈禧关系,还不能

① 《清史稿》,列传第251,《李端棻徐致靖子仁铸陈宝箴黄遵宪曾鉌杨深秀杨锐刘光第谭嗣同唐才常林旭》。

操之过急。这就是典型的稳健派主张。假设慈禧没有收到袁世凯武装政变的密报而雷霆震怒，那么以张之洞、杨锐为代表的当时的稳健派就有可能协助光绪既理顺帝后关系，又按顺序推进改革，“百日维新”也就可能变成“千日维新”。

（2）既然光绪最信任的是杨锐，而且手诏也下给了杨锐，那么，康有为多年以来宣传的他与光绪的亲密关系，以及康有为展示的康版手诏，也就存疑了。在这个意义上，杨庆昶的申请书，就是在还原真相的同时，向宣统年的“新政进行时”再次提起杨锐的稳健建议，并重点展示杨的稳健与康的激烈两种风格的不同。这既是要还历史以公正，还要向当代进言。为了择清父亲与康有为的关系，杨庆昶特意写到父亲与同为稳健派的刘光第的相似性。而回避了与康有为来往较多的谭嗣同和林旭。

（3）既然光绪手诏的真实内容是帝后在老人新人的选用上意见不同，而光绪是想在推进新政、选拔新人的同时处理好同慈禧的关系；既然杨锐的答复是“不要着急，慢慢来”，则光绪与慈禧的关系是否到了谭嗣同夜访袁世凯要求出兵的紧张程度，更值得怀疑。作为光绪手诏里提到的第三个人谭嗣同，他与康有为是经过怎么样的“推演沙盘”而得出策反袁世凯的结论。这个历史真相，目前的研究还不甚清晰，但是，可以确信的是光绪下手诏时，更多的是着急，还达不到对慈禧的憎恨，也看不出慈禧对光绪有的狠心，看不出刽子手的屠刀已逼近了六君子。由此似可想见，反而是谭嗣同夜访袁世凯和袁世凯举报，促成了帝后关系可能的恶化，并促成了政治理念、政治派别都有不小差异的“六君子”之死，斩断了刚刚起步的改革。杨庆昶的申请书，展示了帝后关系的可能的真相，与康有为等人长期以来的宣传大为不同。帝后的矛盾可能没那么深,这就有助于当时改革共识的塑造。

杨庆昶展示的手诏和提起的申请的重要性不言而喻,其与时局的相关性也显而易见。年轻的杨庆昶是经过缜密思考提起申请的,其出发点一定是对朝廷负责而非“捣乱”。但朝廷却沉默了,这种沉默,终于引起政治精英的正面表态。

进入宣统二年,也就是1910年,当杨庆昶写给都察院的申请书数月乃至一年都得不到反响时,资政院六十岁出头的老议员陈宝琛着急了。陈宝琛向其所在的资政院提起了“奏请宣布杨庆昶所缴景庙手诏并昭雪戊戌冤狱”的提案。① 撰写这份文字,成为陈宝琛一生最光彩和最值得被历史记忆的时刻之一。

1910年,资政院议员陈宝箴为平反杨锐案,确实下了功夫。陈宝箴先为杨锐之事做了背景上的澄清。在陈宝箴写的提案里,戊戌变法不是人们说的帝后反目的样子,而是两位一体:慈禧是“顾念人心,慎重变法”,光绪是“承志不违,委曲求全”。至于杨锐,在陈看来,属于协调帝后关系的关键节点人物。杨在推进改革的问题上,力主“踌躇审断”,总是想能有个万全之策。这么一个人,“岂有感激知遇而反悖逆,自甘为危害两宫之举者?”陈宝箴也讨论了戊戌和预备立宪的历史脉络关系。戊戌变法是预备立宪的先声,在预备立宪逐步展开之际,人们不能不对描绘了变法图强蓝图的戊戌之失败而哀惋。

接着,陈宝箴又提出杨锐案在程序上的重大问题——本案无判决书。尽管后世也有历史学家指出,慈禧只杀了六个人,比起

① 《资政院议员陈宝箴等奏请宣布杨庆昶所缴景庙手诏并昭雪戊戌冤狱案》,载《国风报》1910年第32期。

专制王朝动辄灭族的大杀罚，似还有些宽容精神，可毕竟这是在新刑法理念逐步拓展的宣统二年了，对无判决书就被判死刑立即执行的事例，多少能引起法治主义者的共鸣，尤其能是在资政院的法律背景同人中引起共鸣。

进而，陈议员又把杨锐案推展到所有戊戌被罪人士身上，他的结论是：不下明确文件，把杨锐之子杨庆昶提交给中央的光绪手诏公布，不能显出光绪皇帝对百姓仁爱和对慈禧孝敬的真实状况；不援引光绪手诏，昭雪戊戌案被罪诸臣，不能服人心而振士气。他本来只在资政院做了提案，为了求得社会支持，又在媒体上公开发表了提案全文。

经过资政院议事小组讨论过之后，陈宝箴又加新内容，主张参照1901年许景澄平反的事例来处理戊戌案。① 1900年，吏部左侍郎兼管学大臣，也即教育部长许景澄对中央处理义和团事件的做法提出不同意见，认为中外都没有进攻和杀戮外国驻华使节的先例，引起慈禧震怒，随后对许景澄处以死刑。但是第二年，在光绪上谕中，已被处决一年的许景澄却官复原职，这已经属于平反之举。到1909年，新一届政府更对许景澄加了新的谥号，表示了进一步的昭雪。援引历史影响较小的许景澄案作为先例，陈宝箴这样的写法属于“技术流”。

在杨庆昶、陈宝箴的等待中，戊戌案终得在资政院全院讨论。1911年1月3日，资政院第一年常年会第34次会议。议员汪荣宝就陈宝箴的提案做了主旨发言。汪荣宝指出：“（光绪皇帝）这

① 《在资政院请昭雪杨锐等提案文》，载陈宝琛：《沧趣楼诗文集》，上海古籍出版社2006年版，第295页。

个手诏虽然没有奉旨宣布，而外面人都已知道，且有用照片照出来的，大家看见的亦很多。……这个手诏的内容是对于杨锐所说的变法一时有困难的事体，叫杨锐能够想法子，去了窒碍，做个条陈。当时杨锐条陈说变法要有次序。这样来看，德宗景皇帝的手诏的确是因为变法不可太急。而戊戌这一年，外面传闻异辞，有许多不实不尽的地方。可见戊戌党员不能不算冤抑。现在如果宣布杨锐所奉的手诏，使天下咸晓然于当时的情形，并知道当时六君子所做的事情，所条陈的意见，也可以同时昭雪。……若能由本院上奏，得将一切党员恩赦，不独对于立宪前途大有关系，而德宗景皇帝之一片苦心亦可大白于天下。"[①]汪荣宝同日在日记中也心情激动地记下一笔："今日预备立宪实发源于此，将来吾人生息于立宪政治之下，皆景皇帝之所赐，当永永不忘。"资政院议员们多数通过了为戊戌党人平反的议案，汪荣宝在日记中不免心情愉快地写道："众大欢迎！"

这样来看，1911 年 1 月 3 日无疑是戊戌案平反的里程碑性日子。可是，合并讨论的另一个提案却又让戊戌案的平反蒙上了另一个技术难题。

经过资政院议员的提议，被要求与戊戌案合并讨论的提案是罗杰议员的"请赦国事犯罪人员案"。做主旨发言的议员长福指出，"在罗议员意见，戊戌党人虽然得罪朝廷，但是立宪时代，照各国的体例，都有赦国事犯的事情。如日本明治二十三年特允议员菊池侃二之大赦党人可为先例。"假使话说到这里，那么这个提案

① 李启成点校：《资政院议场会议速记录》，上海三联书店 2011 年版，第 526 页。

和陈宝箴的提案倒无太大不同，只不过杨庆昶和陈宝箴走的是体制内话语路线，强调杨锐无罪，主张按清廷的既往做法来平反；而罗杰走的是普世主义路线，强调就算杨锐有罪，也应该在立宪背景下对政治犯予以特赦。

可是，接下来议员长福的发言就开始较为猛烈了。他指出，所谓特赦，不是说杨锐有罪，也不是说杨锐本来就无罪，而是"到立宪时代，宗旨与政策相同，便是无罪之人"。① 进而，那些正在各地跃跃欲试和子弹上膛的革命党人，"这班人虽与戊戌党人的宗旨不同，不能与戊戌党人相提并论，但这般人因政治腐败，立宪无期，铤而走险，其行为虽可诛，其用心亦可悯的。如果单赦戊戌党人，而使革命党的人于恩赦无一点希望，或激起激烈手段，要非中国之福。"基于此，这个提案的主张是把戊戌党人和革命党人同归为"国事犯罪"，分出轻重缓急之后全部予以特赦。

语出惊人的议员黎尚雯更现场直斥政府："现在政府假立宪之名而行专制之实，有意隔阂，以保不负责任之禄位。"②本来，平反杨锐—平反戊戌案—赦免革命党人，已经是层层累加的目标，黎尚雯的激烈言论，更把温和的平反变成了对执政当局的严词斥责。这种激烈言辞或遭来主政者的反感和反弹。事态发展至此，杨庆昶和陈宝箴费尽心思的磨平帝后创痕、摘开温和激进关系的文字，被新的激烈派给抵消掉了。假如只是戊戌案的温和平反申请，当时的执政当局可能就在资政院的催促之下办理了。但是，层层加码带来的是当局的进一步犹豫不决。

---

① 李启成点校：《资政院议场会议速记录》，上海三联书店 2011 年版，第 527 页。

② 同上书，第 528 页。

当局终于永远失去了一次“传播正能量”的机会,没有以朝廷的名义宣布戊戌案平反,没有在政权的最后日子做一件垂于史册的事情。十个月之后,以至于十数个月之后,这个政权也就不复存在了。

纵观戊戌案平反的全过程,最可欣赏的是杨庆昶和陈宝箴、汪荣宝这三个又稳健、又有技术能力、又深具历史正义感的人。可惜的是,在清廷执政当局的纠结中,稳健派总是得不到大市场。反过来说,激烈派也有激烈的道理,赦免全部革命党人,虽说冒天下之大不韪,但在当时确实可以救世。对此,清廷又缺少包容接纳的勇气。说到底,清廷中央的要员,体会不到1900年四川官员赵藩写的那句著名联语的深意:“不审势则宽严皆误,后来治蜀要深思。”

制宪的开启

台湾当时短暂且未能成功的举措表明晚清以来的一个巨变，这就是，旧帝制正将天塌云散。丘逢甲起草的宪法草案，也可以说是中国的第一个宪法草案。

在辛亥之前，共和的实践已然开启。马关条约后，有“台湾民主国”诉求，台湾居民欲奉台湾巡抚唐景嵩为总统。丘逢甲起草宪法草案：“逢甲遂草草定临时之宪法，议建台湾为民主国，选总统、副总统各一人，开议院为立法机关。”[①]这区域性的短暂诉求，耐人寻味。历代亦有君主罹难，大臣重选最高领导人的先例，如南宋往事、南明往事即是，但那都是遴选具有帝王血统的后裔，重建的是旧名义的王朝。即便推翻旧朝，建立的也是新朝。而台湾做法却要在帝制问题上改弦易辙。须知，15 年后的辛亥鼎革，仍以亚洲第一个共和国震动世界。台湾当时短暂且未能成功的举措表明晚清以来的一个巨变，这就是，旧帝制正将天塌云散。在以往，乃是帝王死了，王朝死了，帝制长生。而今，美国建国，正引领亚洲去帝制化。丘逢甲起

---

① 江山渊：《丘逢甲传》，载邵循正等编：《中日战争》（中国近代史资料丛刊）（第 6 册），新知识出版社 1956 年版，第 399 页。

革的宪法草案，也可以说是中国的第一个宪法草案。

根源在于：开眼看世界，西洋的器物、政制引人入胜。更重要的是，它们是西洋取胜的原因。西洋政制，与中国固有政制完全不同，合法性来源迥异。同时，中国处危亡之局，从最浅层次的毫末器物改变入手，逐步走高，其最高层面就是改变帝制。能提出改变政制的原因，就在于认同了西洋现代政治体系。进一步说，如果说，中国古典体制是一整体，那么现代体制也是一个整体。前者蕴藉传统，尊重天道，尊重礼制；后者富含理性，彰显民主，尊重宪法。在现代性的论述氛围里，旧的被新的各个击破，中国的传统体制在举国焦虑的时刻都面临整体替数千年代。

进入20世纪，清政府开始筹备立宪。于是，在政府行为层面，古典合法性从此迈向朝着君宪合法性转变。此前，王韬、郑观应等诸人，俱早已以先知式的敏锐论及宪法宪政。袁世凯奏请天津试办自治，将自治看作宪政的基础亦具开放姿态："乃者东西立宪诸国，雄长大陆，稽其历史，则地方制度必先乎立宪政治而兴。德之建国，发轫于州会。日本之维新，造端于府县会。选举有定法，议决有定程。人民以被选为荣，斯民德日崇，类能辅官治之所不及。"①这都是具有欣欣向荣气象的改良和推动进步之举。但是，虽然如此，正如前述，在清廷内部，反改革的声音依然此起彼伏。一大批士大夫们对政治体制改革并不认同。

戊戌期间，清德宗光绪皇帝接见了袁世凯，并发表了关于政治体制改革的看法。如果说，前面讲过的光绪皇帝给杨锐的是

---

① 《北洋大臣袁世凯奏天津试办地方自治情形折》，载故宫博物院明清档案部编：《清末筹备立宪档案史料》（下册），中华书局1979年版，第719页。

“密诏”,那么,给袁世凯的就是“明诏”。在这篇指示里,光绪皇帝认定西方的法政制度优于中国。虽说“为民立政”是中西皆然,但西方远远走在中国前面。在他看来,最可悲之处就是中国的士大夫未能看到这个事实,不懂得西方法政体系的出发点是为了民众开启智慧,富裕身家。士大夫们看不到西方的优点,也就不懂得皇帝的苦心。也正如此,他们对皇帝的改革阴阳怪调,“胥动浮言”。在光绪看来,被士大夫们左右的苍生更不懂皇帝真意,“小民摇惑惊恐,山谷扶杖之民,有不获闻新政者,朕实为叹恨。今将变法之意,布告天下,使百姓咸喻朕心,共知其君之可恃。上下同心,以成新政,以强中国,朕不胜厚望焉。”其实,光绪同样不懂“小民”。光绪已经忘了早年太平天国运动中的小民造反激荡。无论如何,光绪的这篇指示,言辞恳切,失之于着急,但的确出于改革的热忱。由此也可看出,他选择袁世凯,不仅在于袁世凯的军事实力,也在于袁的改革实践颇获帝心。

光绪对于士大夫们的不满和忧虑,在若干年后仍然得到考察宪政的载泽的呼应。但与光绪不同的是,光绪只是泛指士大夫们反对改革,载泽则直指宪政的限权之举,将约束地方大员们的权力,进而激起他们出于私利的反对。载泽在考察宪政的奏折中认为:“宪法之行,利于国,利于民,而最不利于官。”就在于“盖宪法既立,在外各督抚,在内诸大臣其权必不如往昔之重,其利必不如往日之优,于是设为疑似之词,故作异同之论,以阻挠于无形。彼其心非利有所爱于朝廷也,保一己私权而已,护一己之私利而已”。[1]

---

① 载泽:《奏请宣布立宪密折》,载柴德赓等编:《辛亥革命》(第 4 册),上海人民出版社 1957 年版,第 29 页。

载泽提出宪政的倡议,是清廷的宪政号角。而梁启超提出“预备立宪”一词,更早在清廷启动政治体制改革之前的1901年,在其《立宪法议》中,梁启超勾画了立宪路线图:①

第一,请皇上普告臣民,定中国为君主立宪之帝国,万世不替。

第二,应当派重臣三人,游历欧洲各国及美国、日本,考其宪法之同异得失,何者宜于中国,何者当增,何者当弃。带领通晓英、法、德、日语言文字之随员十余人同往,其人必须有学识,不徒解方言者,并许随时向各国聘请通人以为参赞,以一年差满回国。

第三,所派之员既归,即当开一立法局于宫中,草定宪法,随时进呈御览。

第四,各国宪法原文及解释宪法之名著,当由立法局译出,颁布天下,使国民咸知其来由,亦得增长学识。

第五,草稿既成,未即以为定本,先颁之于官报局,令全国士民皆得辨难讨论,或著书,或登新闻纸,或演说,或上书于立法局,逐条析辩,如是者五年或十年,然后损益制定之。定本既颁,则以后非经全国人投票,不得擅行更改宪法。

第六,自下诏定政体之日始,以二十年为实行宪法之期。

尽管梁启超的立宪规划与清廷实践多有不同,但清廷的确从政治体制改革的顶层设计上颇与梁启超同。1902年,清廷宣布修律,1906年,清廷宣布预备立宪,1908年,清廷颁布《钦定宪法大纲》。

---

① 梁启超:《立宪法议》,载《饮冰室合集》(第1册),中华书局1989年版,第6页。

《钦定宪法》夭折记

可以说，在1911年的光荣的“立宪时刻”，正在起草中国有史以来第一部宪法和第一部君主立宪制宪法的汪荣宝等人，处在前狼后虎、上下交困的夹击当中。

1911年的春节，北京是在厚可盈尺的大雪中迎来新一年的。这天，民政部左参议，同时在宪政编查馆和修订法律馆都兼了重要职务的汪荣宝，像往常一样早起洗了冷水浴。

尽管和家人做了迎节的游戏，但这位三十出头的年轻高干的心情不能不与他正在参与的国事连在一起。就在此刻，东北的哈尔滨等地正在经历一场浩大的鼠疫。从1910年冬季开始蔓延的这场劫难，曾日亡200余人。七天前，曾夜宿崇文门一酒店的旅客，在协和医院医治无效死亡。灾难面前，清廷拟设立防疫事务局，订立防疫法规，以制度防疫，但这些制度建构指向未来，面对眼前的凶猛疫情却束手无策。汪荣宝承担了订立防疫局官制和防疫法规的职责，不能不深感忧虑。

就在东北同胞蒙难的灰色调里，汪荣宝被委任为清廷宪法的协助起草人之一。名为协助起草，实际上，他和学部侍郎、前驻日公使李家伦是主要执笔人。

1911年的春节，北京是在厚可盈尺的大雪中迎来新一年的。

1908年,清廷发布了《钦定宪法大纲》,但这只是“大纲”,其中多是原则性规定。颁布大纲的同时,清廷又宣布9年为期,到9年头上正式颁布宪法。随后,在挺宪派的呼唤声中,1910年,决定提前颁布宪法,清廷将正式宪法的起草提上日程,认为:“钦定宪法,为万世不易之典则。现在提前筹办宪政,亟应首先纂拟宪法,以备颁布遵行。著派溥伦、载泽充纂拟宪法大臣,悉心讨论,详慎拟议,随时逐条呈候钦定。”[①]溥伦为资政院总裁,是为议会负责人。载泽为度支部尚书、筹办海军事务大臣,也是几年前“五大臣出洋”的首席宪政观察家。

清廷任命之后,屡以机密和严格保密来要求新任命的纂拟宪法大臣溥伦和载泽。越保密,也就是越重视。溥伦和载泽深感责任重大,二人“受命以来,迭经公同商榷,窃以为宪法为治平之絜矩、法律之渊源,只言片字,关系大局,非精研法理,参以国情,不能轻事纂拟”。为做好宪法起草工作,给宪法加油,溥伦和载泽精心挑选助理起草人、执笔人。他们指出:“臣等才识疏庸,肩兹重任,草创讨论,首在得人。自当慎举贤人,集思广益,以期仰副朝廷郑重宪典之至意。惟协同纂拟,责任匪轻,适当之才,一时颇难其选。”

在他们看来,优秀的宪法执笔人,必须有见识、有学识、有胆识,还要有经验,甚至还需要有名气,而又不能是虚名。在这种复合要求下,陈邦瑞、李家驹和汪荣宝进入了他们的推荐名单,反而另一些精英,如宪政编查馆的另一位名人杨度未入其列。溥伦和载泽请示说:“见闻过隘,既恐贻杜撰之讥;学识稍偏,又徒持难行

① 《大清宣统政纪》,卷四十三。

之论。倘谬采虚声,轻易推举,恐不能收指臂之效。臣等甄择再三,查有度支部右侍郎陈邦瑞、学部右侍郎李家驹、民政部左参议汪荣宝志趣纯正,学识淹通,历经襄办要政,颇著成绩,臣等深知。"清廷采纳了两位改革派贵族的意见,对三位官员做了任命。陈邦瑞此年56岁,此时担任度支部侍郎,是为载泽在度支部的副手,属于老上下级,有入选的重要渊源。李家驹40岁,为前驻日公使,选中后迅速被任命为资政院副总裁,可以说朝廷在重点培养。汪荣宝这年才33岁,入选更显优秀。

1911年3月20日,汪荣宝在自己的日记里郑重其事地记载了自己被选为助理起草人的神圣感:"自维浅薄,何敢当此重任?用逾其量,不胜懔懔!"[①]他的上级、民政部尚书、肃亲王善耆则在听说了汪荣宝入选的消息后,告诫他务必谨慎秘密。汪荣宝特意为此四字加了日记中极少用起的着重号,表示慎重而诚惶诚恐的心态。3月28日,溥伦、载泽、陈邦瑞、李家驹、汪荣宝召开了五人会议,从晚上七点开到十一点,是为五人宪法起草的第一次全体会议。

1911年4月15日,宪法起草小组开始在武英殿办公。这一天,汪荣宝改了一首旧诗,道是:"瑟瑟春寒袭锦裘,携君同上最高楼。"我们能想到,在过去的六七年里,清廷一直在筹备宪政事宜,宪法大纲的公布虽然激起反对之声,以至于资政院的议员黎尚雯公然在国会会议上批评"现在政府假立宪之名而行专制之实",[②]但是,毕竟,等了这些年,人们,尤其是怀着宪政理想主义的人们,

---

① 韩策、崔学森整理:《汪荣宝日记》,中华书局2013年版,第252页。

② 李启成点校:《资政院议场会议速记录》,上海三联书店2011年版,第528页。

还是在期盼中国第一部宪法的到来。汪荣宝以33岁的年龄，入选五人起草小组，怎能不是令人深感光荣的“同上最高楼”呢？

在清廷的新计划里，即将到来的“宣统四年”，也就是1912年，将是宪政方面的收获之年。在他们的筹划里，1912年将颁布宪法，宣布皇室大典，颁布议院法，颁布上下议院议员选举法，举行上下议院议员选举，确定预算决算，设立审计院，实行新刑律、民律、商律、刑事民事诉讼律。宪法颁布的时间既然已经设定在1912年，则三位助理起草人，尤其是主要执笔的李家驹和汪荣宝，必须在1911年春秋之间快马加鞭完成宪法起草工作。这样，如果我们抽离了1911年的现实，一定会觉得李家驹和汪荣宝就像美国宪法的那群制宪者们和日本宪法的起草人伊藤博文一样，在“立宪时刻”充满了历史人物的自豪感和干劲儿。可是，且慢，请从天空回到地面。

还没有到来的1912年，清廷颁布宪法、召开国会的理想极其丰满；已经到来的1911年，现实却很骨感。就像汪荣宝在诗里讲的那样，虽然上了最高楼，却又有“瑟瑟春寒袭锦裘”。当他们在紫禁城里的武英殿蘸墨写作时，东北的鼠疫依然在侵袭着民众，汪荣宝依然在兼管着防疫制度建设事宜。这表明，清末的新政虽然看上去很美，却还没有落在基层的地面。基层的制度之渴和现实之痛，并没有因新政的推进而满足和缓解。

更重要的是，1911年5月12日，着手宪法起草一个多月后，汪荣宝看到了“革命党徒由长江一带纷纷北上”的消息。这天晚上，汪荣宝读了西晋陆机的句子：“惧万民之不服，则严刑峻制，以贾伤心之怨。”[1]当他看到“众心日陊,危机将发”这一句时,他的感受是“怵心刿目,为之怃然”。汪荣宝不是书呆子,他知道,他接受了宪法起草任务的1911年的春天,是寒冷的、骨感的、伤感的,是水面不静而水下尤其动荡的。

可以说,在1911年的光荣的“立宪时刻”,正在起草中国有史以来第一部宪法和第一部君主立宪制宪法的汪荣宝等人,处在前狼后虎、上下交困的夹击当中。

问题出来了,清廷的预备立宪不是已经启动好几年了吗?难道新政不就是扫除障碍的改革吗?怎么障碍还这么多呢?

问题就在这里。当改革启动时,改革是在文本和口号层面的。在动动笔杆子、动动嘴皮子的时期,改革的阻力还没那么大。那些潜在的反对者们——不管是来自上层的还是其他阶层的,此时也会表现出大力支持改革、大喊改革口号之状。但当改革推进时,则“三种人”——既得利益被侵扰之人、期待改革第二天就成功的无耐心之人、对改革思维越来越不适应的慵懒之人,就会从改革的名义上的推力变成实质上的阻力。还有的人,根本就不相信你的改革诚意,而是要直接干掉改革者依附的政权。

汪荣宝们所处的时刻,正是此种改革遭遇阻力的时刻。

汪荣宝们遭遇的“前狼”,是朝廷守旧派。宪政编查馆因处在新政的枢纽,成为保守派攻击的目标和新政派争论的焦点。守旧派指责新政的改革是“新刑律成而民乱于下,新官制成而官乱于上”。青年得志的宪政编查馆成员汪荣宝、杨度、曹汝霖等人被批评“把持一切”,受到交相攻击。进入新政时代颇为守旧的张之洞

---

① 韩策、崔学森整理:《汪荣宝日记》,中华书局2013年版,第265页。

还曾指着汪荣宝名字说，这是个轻薄子啊，怎么能用？

后来，一位守旧派当事人仍然恨恨地指出：宣统初年，在当时，没有一个贵族大臣能以权力独领变法大局，其余附和改革的“诸奸”如李家驹、汪荣宝、吴廷燮、曹汝霖、董康等人，皆“阿附取容，一旦不用，取而弃之如孤雏耳”。“新政之害，已情见势绌。”“妖由人兴，事极可怪。”①他们对新政是有多恨，要用妖魔鬼怪这些近乎顶级的汉语词汇来指责新政的新贵们。

进入五人宪法起草小组的汪荣宝对宪政编查馆萌生退意，他对民政部尚书善耆诉了苦，并想把退出宪政编查馆之事付诸实施。汪荣宝的强烈纠结和巨大的压力感表明了“前狼”的甚嚣尘上，可是，他进入宪法起草小组，就能避免守旧派们的狙击吗？首先，未来的宪法如不能满足守旧派们的诉求，恐怕争论会更多。其次，如果认真对待宪法，使之成为与社会生活高度融合的限制权力和保障权利文本，则宪法必须以新政改革的成果作为前提。宪政编查馆做的事情，都是宪法的前站，汪荣宝退出，不正代表前狼在阻击上的胜利吗？

汪荣宝们遭遇的“后虎”，是进击的、强烈排满的革命党人。

革命者鲜明地反对古典君主制和清廷的立宪君主制。反对古典君主制，自为反专制。而反对立宪君主制，则其理何在？他们的出发点是，只要是满族统治，不管是什么样的政体形式，都是绝对不能接受的。在这里，满汉之别胜过了立宪的共同诉求。他们根本无视清政府是不是搞什么改革，也许他们还担心清政府改革成功之后，满族政权更能绵延。

---

① 胡思敬：《国闻备乘》，卷四。

宪法本来是安顿革命的,但就在宪法起草过程中,直接倾覆了满族政权的革命爆发了。李家驹和汪荣宝耗了半年时间起草的宪法,迅速被革命后的新政权束之高阁。值得注意的是,与清末各项修律成果被民国政府大部分继承的结果截然不同,帝国宪法草案就像印在旧币上的花纹一样,当清政府作为旧币被国人驱走时,像花纹一样的宪法草案自然也被带走了。在革命党看来,修律成果是技术性的,宪法草案却是理念性的。道不同不相为谋,无人有耐心去看看在新形势下颇显可笑的维护满足皇帝权威的宪法草案。各种革命后新宪法的思路却是蓬勃而生。

在前狼后虎之间,汪荣宝和李家驹这两位未来宪法的执笔人秘密草拟着宪法文本。

1911 年 7 月,汪、李去了十三陵,起草宪法第一章。按照清廷中央的要求,未来的钦定宪法只能按照钦定宪法大纲的模式来写,而钦定宪法大纲又以日本宪法为重要参考。李家驹、汪荣宝,以及曹汝霖、杨度,都是以那桐为首的“日党”也就是亲日派的干将,则他们起草的这部宪法有深深的“日本主义”印记。所以,尽管在十三陵写作时,也在商量个别条文到底用普鲁士的方式,还是俄罗斯的方式,最后商定的仍然是日本的方式。

可是,在守旧派和革命派的夹击当中,新政处境艰难,日本主义的维新之药和宪法之药,压不住守旧之病,也压不住美国主义的革命诉求。1911 年 7 月 9 日之夜,十三陵天无纤云,月光如画。汪荣宝和李家驹在山林间构思诗句,忽闻怪啸之声,自南向北而来。二人面对面,只有诧异表情。次日,他们商讨宪法第二章,黄昏散步时写下了这样的诗句："汉家陵阙已苍茫，西上灵岩见夕阳。"[①]在十三陵，他们想起了明朝的兴亡，听到了自南向北的呼啸之声，也联想到清朝的命运。

进入1911年8月，汪荣宝——清政府的宪法起草小组成员，宋教仁——同盟会的干将，二人读了同一本书：日本宪法学家副岛义的《日本帝国宪法论》。汪荣宝在日记中，写副岛义的某个观点"颇与余意见相合，即采其义拟成条文"，[②]宋教仁则为本书写了书评，认为"足为法学上精深博大之作"。[③]

读书虽同，立场迥异。从1911年8月到10月，汪荣宝进入了宪法起草的高产时期，一举完成宪法初稿，宋教仁所属的革命党体系，却进入了革命的冲刺阶段，宋还差点成为武昌起义的最高指挥官。这边是君主立宪的立宪时刻，那边是革命的暴动时刻。立宪和革命展开了赛跑的倒计时。

8月，汪荣宝与李家驹商定了宪法草案第二章（摄政）、第三章（领土）、第四章（臣民），进军第五章（帝国议会）。9月后，汪荣宝进入一种"连日钻研宪法，方寸萦回，跬步不忘，梦寐皆是"[④]的状态，又或为某一条疑义甚多而痛苦，想要改换，不得其果。本月底，宪法起草小组成员李家驹升任资政院代理总裁，即议院代理议长。

同在8月，武昌的两大革命派团体文学社和共进会磨合渐好，又得共进会富豪刘公捐了两万两银票，有了购买子弹和炸弹

---

① 韩策、崔学森整理：《汪荣宝日记》，中华书局2013年版，第295页。

② 韩策、崔学森整理：《汪荣宝日记》，中华书局2013年版，第295页。

③ 《宋教仁文集》，中华书局1980年版，第403页。

④ 韩策、崔学森整理：《汪荣宝日记》，中华书局2013年版，第293页。

的资本。此时,四川保路运动更盛,湖北新军被调集部分兵力前往四川,文学社和共进会遂欲深度商讨暴动之事。

9月,汪荣宝与新任资政院总裁李家驹继续戮力宪法起草,二人于月中前往泰山一游,基本在旅途中写完了剩下的第六章(政府)、第七章(法院)、第八章(法律)、第九章(会计)和第十章(附则)。到9月29日,汪荣宝伏案整日,将宪法草案誊写一遍。写作基本完成,剩下的就是上报给上级,继续讨论修改。此时可算大功初成,本当快活,但汪荣宝心中却想,就这样参考日本条文和日本学者观点,算不算袭其皮毛而遗其精义?想靠这部宪法挽回颓势,岂可得乎?汪荣宝"掩卷深思,百忧交集"。

同在9月,武昌的文学社和共进会认为已经到了"革命紧要关头"。14日,在资助人刘公的豪宅里,二革命党举行联席会议,提出:"际此生死关头,所有文学社、共进会名义,应当暂行搁置,一律以革命党人的身份,与清王朝拼个死活。"①会议决定,从上海请来黄兴、宋教仁或谭人凤来武昌主持革命大局。当会议派出的代表居正等人往上海请人时,9月24日,武昌方面再次开会,商定了武装暴动的人员分工。

进入10月初,完成了初草宪法任务的汪荣宝没有在日记里记录坏心情,倒是记下了10月5日新颁布的国歌《巩金瓯》的歌词与曲谱。10月5~7日是传说中的"八月十五杀鞑子"的日子,汪荣宝除了起草宪法按语,就是朋友聚会,倒是心情愉快,"畅谈尽兴",甚至还"楼顶望月"。看起来,他们平时愁苦于国事,真正

---

① 冯天瑜、贺觉非:《辛亥武昌首义史》,武汉大学出版社2006年版,第156页。

到了大事来临时，反而并无预感。10 月 10 日，汪荣宝与友人争辩了四川保路运动，又讨论了各种宪法问题。

同在 10 月，经过各种准备和巧合，武昌的枪声在北京平静无比的 10 月 10 日打响了。也就是这一枪，使得汪荣宝的立宪努力全部泡汤了。

10 月 11 日，是资政院开院的日子，两位宪法起草人李家驹和汪荣宝分别以代理总裁和议员身份出席，二人大功甫成，志得意满。也就是在这一天，汪荣宝听说了昨日武昌的事情，但犹不以为会撼动大局，次日，他打算把起草好的宪法正式呈报。从 10 月 13 日开始，汪荣宝的日记里充满了对革命事态的记载。听到扬州失守，中原鼎沸，听到长江流域多城市岌岌可危，京师人心浮动。10 月 21 日，大约是五人宪法起草小组的最后一次集体会议。此后只听到革命的"燎原之势"。

10 月 27 日，北京所有人都感到大地震来势汹汹。资政院开会，提出弭乱之策，定了三条意见：一是罢亲贵内阁，二是将宪法交资政院审议，三是解除党禁。汪荣宝被推举为三个文件的起草人。大约是不愿成为这类失败时刻历史文件的执笔人，汪荣宝把这任务推脱了。但是，资政院提出的将宪法交院审议，也算是五人宪法起草小组之劳动成果在最后时刻的崭露头角了。资政院指出，想要维系人心，弭平"祸乱"，最好的办法就是示人民以真正立宪，真正立宪的前提是颁布宪法。如果不这么做，则鼓吹革命之人，仍会"勾结鼓煽如故，残杀战争如故"，此时，即便能平定武昌之乱，恐怕其他其他地方仍会接踵而起。

作为对资政院的回应，也是对眼前乱局的回应，朝廷两日后同意了资政院的建议："著溥伦等敬遵钦定宪法大纲，迅将宪法条文拟齐,交资政院详慎审议,候朕钦定颁布用,示朝廷开诚布公、与民更始之至意。”[①]最高领导人即将把汪荣宝等人秘密起草的宪法推出水面,在最后的时刻既没能安顿革命,更落得石沉大海了。

汪荣宝学习日本宪法理论,仿照日本宪法模式的制宪努力,在原拟1912年正式颁布、匆忙1911年应急颁布的前夜,宣告全面失败。1911年10月底11月初,同样学习日本宪法的宋教仁在炮声隆隆的武昌草拟了《中华民国鄂州约法》。

汪荣宝这次的“立宪时刻”因何失败?资政院10月27日对朝廷要求审议宪法的请示中归纳了原因,归结起来就是清廷中央的改革有名无实。如果改革有名无实,则“在政府可以借此敷衍人民,在人民终不能因此而信爱政府”。[②] 于是,人民终将“愤政府之疲缓,官吏之酷虐,法律之不备,审判之不平,人民生命财产是无所保障,权利义务之不能确定”。这段话,真是引人深思。改革假使有名无实,也会激起愤怒。而那些试图阻碍改革,使改革落入有名无实状态中的人,应当听一听清末《泰晤士报》记者莫理循的友人在1911年10月24日说的话:“这个充满腐化、裙带风和无能的古老的听天由命的制度,肯定是要经受考验的!”

10月29日,朝廷在实体上同意了资政院审议宪法的建议,开头却还是说什么“我朝列圣相承,深仁厚泽垂三百年”。在1911年的10月底,还说这种套话蠢话,实属可笑。

---

① 《着溥伦等迅拟宪法条文交资政院审议谕》,载故宫博物馆明清档案部编:《清末筹备立宪档案史料》上册,中华书局1979年版,第97页。

② 《资政院总裁世续等请明诏将宪法交院协赞折》,载故宫博物馆明清档案部编:《清末筹备立宪档案史料》上册,中华书局1979年版,第94页。

可是，在守旧派和革命派的夹击当中，新政处境艰难，日本主义的维新之药和宪法之药，压不住守旧之病，也压不住美国主义的革命诉求。1911年7月9日之夜，十三陵天无纤云，月光如画。汪荣宝和李家驹在山林间构思诗句，忽闻怪啸之声，自南向北而来。

元 年

抢夺宪法“抓手”：临时约法的故事

不能排除，孙中山简直希望临时约法给予未来的总统多些限制，参议院的权力更大些。由此，参议院对于制宪权的垄断，既像是参议院与孙中山的争执，也像是双方的合谋。

1912年2月1日这一天，南京临时政府大总统孙中山体会了权力制衡的味道。就在前天即1月30日，孙中山派员将《中华民国临时组织法草案》送到参议院，请参议院的各位议员参考。孙中山说，“查临时政府现已成立，而民国组织之法尚未制定，应请贵院迅为编定颁布，以固民国之基。并据法制局局长宋教仁呈拟《中华民国临时组织法草案》五十五条前来，合并咨送贵院，以资参叙。”①

孙中山的这个举动，不能不说是出于好意。因为两个月前制定、一个月前修改的《中华民国临时政府组织大纲》，其内容的确有些粗疏，中华民国号称“民”国，但公民的权利义务，在这部大纲里就不见规定。宋教仁1911年12月11日即已针对大纲草案指出：“此草案不适合者颇多。如人民权利义务毫不规定，行政官厅

① 《大总统咨参议院南京府官制草案请议决咨复并中华民国临时政府组织法草案》，载《临时政府公报》第3号（1912年1月31日）。

之分部则反载入，以制限其随时伸缩之便利。”①虽说大纲也承认，“临时政府组织大纲施行期限，以中华民国宪法成立之日为止”，但是，宪法制定，尚在遥遥之期，从大纲到宪法制定的这段时间，公民权利以什么为依据？而对于行政、立法、司法三权中的第三权，大纲也没有规定。

何况，临时政府法制局局长宋教仁本是公认的宪法专才，数年来对于满清政府的宪政改革多有文字见诸报端；是资深的同盟会成员，会中影响较大；又在几个月前起草了《中华民国鄂州约法及官制草案》②。该鄂州约法草案虽只涉及中国局部，但条文详尽，思虑相对周全，颇有国家宪法的风范，从鄂州约法改订政府组织法草案，也算顺理成章。更何况，法制局本来就是起草法律的官方机构，作为孙中山的重要股肱，胡汉民身任总统府秘书长，担当日常性重要事务，另一位重要股肱宋教仁任法制局长起草法律，虽然不算头衔极度显赫，至少能力与职位是相称的。

---

① 宋教仁：《中华民国临时政府大纲草案按语》，载《宋教仁集》，中华书局1981年版，第371页。

② 《中华民国鄂州约法及官制草案》，载《宋教仁集》，第360页。按照贺觉非和冯天瑜的叙述，宋于10月中旬抵达武昌，协助湖北军政府办理外交。别的同志大都忙于军政事务，唯独宋教仁注意民主立法。他住在汤化龙家里，宋、汤二人“夜分人寂，对灯促膝，所谈无非约法者。如此二十余日议论，微定大要，兼取法、美二国之长，而力避偏枯拘挛之病。其草稿出遁初（宋教仁号）手”。宋教仁草拟之《鄂州临时约法》第七章第六十条，规定人民一律平等，享有言论、集会结社、通讯、信仰宗教、居住和迁徙等自由；人民有选举和被选举权。规定实行民主政治，确认“主权在民”和“三权分立”等原则。文本提交湖北军政府会议，刘公、孙武、谭人凤读罢，鼓掌称善；立宪派人物汤化龙、胡瑞霖、黄中恺等也赞不绝口。宋教仁说：“武昌起义在行动上已为全国倡，而根本大法也要争取作出表率。鄂州约法不过是这方面的尝试，希望以后全国民众都来注意这个共和国的立法工作。”贺觉非、冯天瑜：《辛亥武昌首义史》，湖北人民出版社1985年版，第270页。

但是,递送组织法草案这个看起来合情合理的举动,却遭到了参议院的断然拒绝。在 1 月 31 日,收到孙中山送来草案的次日,参议院开会已经议定:不接受孙的草案。这个不接受,尚与内容无关,而与主体有关。参议院决定由专人起草文件,否决临时大总统提交来的草案。[①] 次日,参议院发表文字指出,宪法发案权应归国会独有,而国会未召集以前,本院为唯一立法机关。故临时组织法应由本院编订。今遽由法制局纂拟,未免逾越权限。故虽称为参考之资,而实非本院之必要。[②] 参议院赫然认为,该院拒绝接受来自总统方面提供参考材料的好意,因为制宪权在国会,国会成立前,这项权利属于参议院。

实际上,参议院 1 月 28 日才成立,到此时,成立时间不过几天。成立几天的参议院,给了临时大总统当头棒喝。

那么,如何看待这个棒喝呢?按照法理和临时政府组织大纲的规定,参议院作为立法机关,当然享有立法权。但是,无疑,行使立法权不意味着立法机构要负责所有法律的起草,法制局的职能便是起草法律。早在 1912 年 1 月 12 日,孙中山就派总统府秘书李肇甫送来了请求代理参议院(关于代理参议院的说明,见下文)审议法制局职制的函件,孙中山表示:“临时政府成立,所有一切法律命令,在在须行编订,法制局之设,刻不容缓。应将法制局

① 《参议院议事录》,载《参议院议事录 参议院议决案汇编》,北京大学出版社 1989 年版,第 10 页。

② (参议院否决案)《中华民国临时组织法案》(1912 年 2 月 1 日),《参议院议决案附编·否决案》,载《参议院议事录 参议院议决案汇编》,北京大学出版社 1989 年版,该部分第 2 页。

职制提出贵院议决,以便施行。”[①]在当时的代理参议院审议通过的法制局职能中,该院认可法制局的职能是:“一、承大总统之命,草订法律命令案;二、对于法律命令有应修改及增订者,得具案呈报大总统;三、考核各部所定法律命令案。”一部分法律而不是全部法律,由法制局起草,参议院审查,应属于各司其职。话说回来,就算参议院的法律只能由自己起草,那么总统送来法制局起草的文字,仅作参考,参考总是可以的吧?但在参议院看来,参考也不行。

进一步说,制宪权与立法权还不能完全画上等号。临时政府组织大纲并未确定制宪权的主体是哪个机构,没有明确规定。但严格来说,如果没有法律文本上的依据,那么制宪权的主体是谁,并不能简单由立法权推理出来。

以此来看,参议院拒绝了孙中山,是基于对立法权的双重扩大解释:一者,扩大解释为垄断立法的全过程,连政府方面提供的草案都不接受;二者,扩大解释为立法权包含制宪权。

对于这次否决,参议院态度是明确的:该院没有悬而未决,而是次日就下了决定,可见讨论过程进行得尚属顺利,同时,如前所述,否决是没有什么余地可言的。参议院又是审慎的:从当时会议记录可以看到,该院是先命秘书长起草否决函件,又要求经过大会修改,方可发出。[②]

对于参议院的拒绝,孙中山的反应如何呢?一个细节是,在

---

① 《大总统咨参议院法制局职制》,载《临时政府公报》第3号(1912年1月31日)。

② 《参议院议事录　参议院议决案汇编》,北京大学出版社1989年版,第6页。

由政府方面编制的《临时政府公报》里边,只收入总统的咨请案,[1]而并未收入参议院的否决案。这不可能是疏忽,而应该是表达出政府方面(譬如总统府秘书长胡汉民)或者孙中山本人对于参议院否决举动的不满。当然,此时,对于孙中山来说,最重大的事情还属南北议和,参议院否决提议这件事倒不至于引起他的震怒。

无论如何,临时大总统孙中山这次是领教了才成立不过三天的参议院的厉害了。我们有必要来看看,否决孙中山的提议当天,参议院参会的人都是哪些?

1912 年 1 月 31 日参议院参会参议员[2]表

参会参议员	请假参议员
广东:赵士北 湖南:欧阳振声、彭允彝、刘彦 湖北:时功玖 江西:汤漪 广西:邓家彦 浙江:王正廷、陈毓川、殷汝骊 福建:潘祖彝 江苏:陈陶怡 安徽:常恒芳、凌毅 山西:李素、刘懋赏 贵州:平刚、文崇高 云南:段宇清 陕西:赵世钰 四川:吴永珊、周代本 奉天:吴景濂 河南:李槃	福建:陈承泽、林森(议长) 四川:张懋隆 江苏:凌文渊 江西:王有兰、文群 湖北:张伯烈、刘成禺

---

① 《大总统咨参议院南京府官制草案请议决咨复并中华民国临时政府组织法草案》,载《临时政府公报》第 3 号(1912 年 1 月 31 日)。

② 据《参议院议事录》编制本表,载《参议院议事录 参议院议决案汇编》,北京大学出版社 1989 年版,第 6 页。

以上参会人员名单，很值得注意的一点，是议长林森当天缺席。林森无疑是孙中山的忠实追随者，但1月28日他参加了参议院的成立仪式后，次日即请假离开。当时的议长对议员没有实际影响力，但毕竟是议程的主持人，必要时可以发挥独特影响，林森的缺席，使得孙中山与议会之间失去一个较好的沟通者。当然，即便是林森在场，恐怕也改变不了大局。

就其他参会人员来说，表面看，他们不少是同盟会成员，由此似乎可以得出他们与孙中山同心同德的结论，但是，实际情况远非如此。从四方面来看，参议员们的立场都与孙中山并不一致。

一是参议员们是受各省都督的委托前来南京参加临时政府。各省和中央是什么关系呢？用孙中山当时的话来说，便是"各省联合互谋自治"。[①] 而中央对地方的控制力则相当有限，用胡汉民后来回忆的话来说是："时战事未已，中央行政不及于各省，各部亦备员而已。"[②]地方既然这样强悍，参议员代表地方前来，当然不必事事听命于中央行政。

二是从政党方面来看，同盟会当时的情况也并不乐观。以张謇为代表的立宪派，以章太炎为代表的同盟会异见势力，以黎元洪、蔡锷为代表的地方实力派，都分散了同盟[③]会的影响力。即使在同盟会少壮派里边，也有胡汉民为首的"左派"和宋教仁为首的"右派"的分野。[④] 所以，想通过同盟会的政党势力来统摄参议

---

① 《临时大总统宣言书》，载《临时政府公报》第1号(1912年1月29日)。

② 《胡汉民自传》，台北传记文学出版社1969年版，第65页。

③ 同盟会于1912年1月20日召开千人大会，胡汉民主持，并推举汪精卫为总理。可见此时胡汉民与汪精卫在同盟会中位置甚高。

④ 《胡汉民自传》，台北传记文学出版社1969年版，第69页。

员,也不好办到。

三是各省选拔参议员,并不是随便选取,而是注重其学历、专业背景和经验。如蔡锷所言,参议员“其职权在参与立法,监督政府,关系甚巨,应选精通法律、文言并妙之人。”[①]这些成员,大多具有留日背景,少数则有留学欧美背景,有的研析法科,有的是旧咨议局的成员,故都有较强的自主性与判断力。

四是参议院既然成立,则已成为一个至关重要的国家机构。参议员们当然明白三权分立的基本道理,从前都是纸上谈兵,如今进入实际运作,岂能不尝试、不实行、不坚守?早在参议院正式成立之前的1912年1月12日,代理参议院(见下)已经行使了参议院权力。针对孙中山当时作出的继续停战的决定,代理参议院认为,这不仅没得到代理参议院同意,也没有通知代理参议院,实在是违反临时政府组织大纲的举动。[②] 在致孙中山的函件中,代理参议院甚至使用了“尤为骇异”[③]这样的字眼,来表示该院的愤怒。

尤其是以上的第三点和第四点,锻造出参议员们的共同体意识。在这种共同体意识的驱使之下,参议院将立法权扩大化为制宪权与立法权并举,试图垄断制宪权。

---

① 蔡锷:《致杨毅廷张耀曾电》,载《蔡锷集》,湖南人民出版社1983年版,第122页。

② 刘星楠:《辛亥各省代表会议日志》,载《辛亥革命回忆录》(第6集),中华书局1963年版,第257页。

③ 《咨大总统文》:“我临时政府趑趄观望,竟冒冒然将议和日期一再继续,殊不可解;亦未闻有统筹全局之计划,甚至继续停战之约,并不通告本院,尤为骇异。”刘星楠:《辛亥各省代表会议日志》,载《辛亥革命回忆录》(第6集),中华书局1963年版,第257页。

事实上,早在孙中山送来组织法草案之前,参议院,甚至参议院的前身代理参议院,已经开始了对临时政府组织大纲的修改,并逐步演化为临时约法。按照《临时政府组织大纲》的规定,在参议院正式成立之前,由各省都督府代表会代行其职权,从1912年1月2日起,称代理参议院,"除星期停议及特别开议外,每日开会两小时。"①1月5日,湖北、江西、福建、云南、广东、广西六省代表提出,在临时政府组织大纲中增加人民权利义务一章,公决先付审查,审查后即由审查员拟具修正案,五名审查员分别是:景耀月、张一鹏、吕志伊、王有兰、马君武。② 当人权条款订出时,又觉得放入临时政府组织大纲之中并不合适,故改名为临时约法。③早在孙中山将组织法大纲交给参议院审阅之前的1月25日,景耀月、张一鹏、吕志伊、王有兰、马君武向代理参议院提出了《中华民国临时约法草案》,并进入审读阶段。④ 参议院既已经将临时约法草案做好,可谓我行我素。在"我行我素"的机构性格之下,孙中山送来的组织法草案,就只能是马后炮而且原装退回了。

此后,参议院在按照自己的逻辑审读临时约法草案的过程中,显然对于宋教仁氏的草案的内容(宋的鄂州约法草案和政府组织法草案)不会毫不理会,譬如其中对于责任内阁制的规定。2

① 平佚:《临时政府成立记》,载《东方杂志》1911年第11号。

② 张国福:《〈组织临时政府各省代表会纪事〉考证》,载《法制史料考证》(《中国法制史考证续编》第13册),第339页。《〈组织临时政府各省代表会纪事〉考证》是张国福对吴景濂1913年所著《组织临时政府各省代表会纪事》的考证之书。

③ 谷钟秀:《中华民国开国史》,上海泰东图书局1914年版,第83页。

④ 张国福:《〈组织临时政府各省代表会纪事〉考证》,载《法制史料考证》(《中国法制史考证续编》第13册),第375页。

月9日,参议院多数通过增设责任内阁之议。[①] 但在参议员谷锺秀看来,各省联合之始,有点像美利坚十三州的联合,按照这种情况,中国应建设为联邦国家,故采美国的总统制。临时政府成立后,大家深感南北统一之必要,觉得中国应建设为统一国家如法兰西之集权政府,故采用法国的内阁制[②]。总的来说,参议院在制宪过程中,一定是以我为主,即便是参考他人意见,也是出于自己的需要,而非总统的举荐。

参议院确立了自己的宪法制定权之后,在其制定的临时约法条文中,明确两条:一是临时约法的效力等于宪法;二是中华民国宪法的制定权属于国会:“中华民国之宪法由国会制定。宪法未施行以前,本约法之效力与宪法等。”[③]这两条同等重要,也同等咄咄逼人。临时政府组织大纲并没有自称为宪法,说明在宪法制定之前,民国没有宪法。而约法作为临时政府组织大纲的替代者,将自己等同于宪法,无疑抬高了自己的地位。等于宪法的意思,就是对国家有了实际的约束能力,并牢牢确认了参议院的宪法修改权和解释权。至于国会享有制宪权的条款,更是以宪法文件的形式,为国会明确扩权。将制宪权是否属于立法机构的模糊状态,一举说明。制宪权作为宪法的“抓手”,就这样被参议院抓在手里。

孙中山面对参议院垄断制宪权并明确规定国会享有制宪权,

---

① 《参议院议事录》,载《参议院议事录 参议院议决案汇编》,北京大学出版社1989年版,第32页。张国福论指此即为总统制改为责任内阁制,见张国福:《关于〈中华民国临时约法〉的起草日期和主稿人问题——兼述〈中华民国临时约法〉制订过程》,载《北京大学学报》(哲社版)1984年第1期。

② 谷锺秀:《中华民国开国史》,上海泰东图书局1914年版,第83~84页。

③ 《临时约法》第54条。

为何没有表示出强烈的反对?值得玩味。须知,在临时政府刚成立时,关于总统制采取何种模式,是不是采取美式的强势总统制的模式,孙中山可是做过强烈争取,并努力促成的(已故的深切关心中国宪法问题的杰出经济学家杨小凯曾经在《百年中国经济史笔记》中,批评"孙中山在自己有机会掌权时就极力鼓吹总统制,在自己没机会掌权时就鼓吹内阁制")。而这个时候,在立法和行政分权的问题上,孙却显得有些超然,其中原因,盖在于:(1)参议院制定的临时约法,不过是临时性的宪法文件,按照临时约法规定,临时约法施行十个月内,总统必须召集国会,届时由国会来制定正式的宪法。所以,按当时的理解,约法"约束"国家的期限,不会太久。(2)随着南北议和的推进,孙中山显然离辞任总统越来越近,临时约法对于总统的限制也好,对于制宪权的规定也好,都有些事不关己,甚至可以说,对将要离开总统岗位的自己很有利了。不能排除,孙中山简直希望临时约法给予未来的总统多些限制,参议院的权力更大些。由此,参议院对于制宪权的垄断,既像是参议院与孙中山的争执,也像是双方的合谋。

但是,平心而论,从临时约法开始,参议院对于制宪权的垄断,多少还是有欠妥之处。第一,参议院虽然是立法机构,但并非民意机构。参议员们由各省都督府派来,代表的是各省都督,而很难说就是各省的民意代表,其间并无选举程序。在制宪的问题上,不见得就有十足的合法性。

第二,制宪,既然与普通立法不同,那么,仅从立法权推导出制宪权,也不见得完全成立。制宪涉及权力分配,总统连一点表达意见的权利都没有,很可能造成机构、权力之间的冲突。此次临时约法的制定,连孙中山都不能染指,更不用说远在北京候任总统的袁世凯了。袁世凯只有听命临时约法给自己设定限制。虽然说,政治人物应当在法律之下,但是,制宪与普通立法不同,制宪的过程更应该集思广益。事实证明,当临时约法明确了国会的制宪权之后,袁世凯和国会之间果然就制宪发生了巨大分歧。这虽然是后话,却也不能不说是参议院及其替代者国会在临时约法上的路径依赖的结果。

孙中山为什么捍卫临时约法？

整体而言，广州军政府一方的孙中山们，以护法为名建立军政府，其实本意不在于临时约法，而在于选取一面旗帜和一个军政府各方都能接受的最小公约数。

一部《临时约法》，不同的人看到了不同的东西，高全喜教授看到了其中的革命建国和人民制宪的问题；毛泽东看到了阶级。①那么孙中山看到了什么呢？

这个问题不好回答，因为不同时期的他，看到的东西并不相同。

在临时约法未制定前的一两年，孙中山关心的宪法性问题，除革命建国之外，是两种：

其一，中国宪法的基本模式是什么？孙此时提出的模式，正是他后来继续苦心营建的五权宪法，而与《临时约法》的模式无

---

① "民国元年的《中华民国临时约法》，在那个时期是一个比较好的东西；当然，是不完全的，有缺点的，是资产阶级性的，但它带有革命性、民主性。这个约法很简单，据说起草时也很仓卒，从起草到通过只有一个月。其余的几个宪法和宪法草案，整个说来都是反动的。"毛泽东：《关于中华人民共和国宪法草案》（1954年6月14日），载《毛泽东选集》（第5卷），人民出版社1977年版，第128页。

关。1910年二三月间他与刘成禺谈话时指出："予常与留日本、欧美习政治法律学生谈倡建五权之原则，闻者骇异曰：'吾人未闻各大学教授有此讲义。……今先生欲变世界共尊之宪法，增而为五，未免矜奇立异，为世界学者所不许'。予驳之曰：'三权宪法，人皆知为孟德斯鸠所倡，三权以后不得增为五权。不知孟德斯鸠以前一权皆无，又不知何以得成立三权也。宪法者，为中国民族历史风俗习惯所必需之法。三权为欧美所需要，故三权风行欧美；五权为中国所需要，故独有于中国。"[①]显然，孙中山矜矜自诩的这种模式，与《临时约法》相差甚远。虽然说，宪法的制定本身是妥协的过程，且五权宪法只是孙中山对宪法的远景设想（1910年的孙中山，不可能意识到1911年辛亥革命的胜利已经指日可待），但是，考虑到五权宪法与临时约法的出入是如此之大，则孙中山对《临时约法》的认同度显然不可能很高。

其二，如果他当选总统，总统的权限如何？按照胡汉民的回忆，民国成立之后，宋教仁欲拥戴黄兴为总统，他本人担任总理，但在《临时政府组织大纲》制定过程中，已然确定孙中山为总统人选之后，宋在同意总统人选的同时，仍然坚持内阁制。孙中山此时强烈坚持总统制，他指出："内阁制乃平时不使总统当元首之冲，故以总理对国会负责，断非此非常时代所宜，吾人不能对于唯一置信推举之人，而复设防制之法度。余亦不肯徇诸人之意见，自居于神圣赘疣，以误革命之大计。"在他看来，既然已推举出大家信任的人担任总统，又何必设置一个神圣的累赘来掣肘之？以

① 《与刘成禺的谈话》（1910年二三月间），载《孙中山全集》（第1卷），中华书局1981年版，第444页。

此来看,《临时约法》确定的内阁制,至少不符合该约法制定前孙中山的看法。

以上这两条,表明在《临时约法》指定前,孙中山看到的,是他本人理想的宪法图景。远景规划是五权宪法,现实规划是实行总统制。

在《临时约法》的制定过程中,孙中山关心的问题,就变成了如何影响约法的制定。

上述表明,无论在临时约法制定前还是在制定中,孙中山对约法及约法的制定过程都缺乏高度的认同度和控制力。

那么,为何五年之后,孙中山又忽然掀起护法运动,捍卫起临时约法来了呢?

无疑,护法运动,也即捍卫临时约法的运动,是一连串历史事件的结果和延续。段祺瑞因为对德宣战事宜与国会产生严重对立;黎元洪解散国会,导致诸多国会议员无枝可依,与孙中山实现联合;张勋复辟,反对张勋的段祺瑞和孙中山却未能因此联合;反击复辟胜利的段祺瑞不恢复国会而设立临时参议院,来到广东的孙中山和国会议员们复与唐继尧等联合成立军政府,护法运动就此展开。《中华民国军政府组织大纲》规定:军政府旨在“勘定叛乱,恢复临时约法”。①

所谓恢复临时约法,其含意当指临时约法已然消失,但是段祺瑞这时并没有明文摒弃临时约法,这是不容置疑的。而在别的文字中,孙中山并没有采用临时约法已然消失的用词,而指段祺

---

① 《国会非常会议宣布〈中华民国军政府组织大纲〉电》,载《护法战争》(中华民国档案资料丛刊),档案出版社 1993 年版,413 页。

瑞“蹂躏约法”:“前者段祺瑞主使叛党,蹂躏约法,解散国会。文与西南诸将帅,痛共和之中断,惧民国之沦胥,率先之主张护法讨逆。旋与海军舰队南下号召,并申请国会议员在粤开非常会议,佥谓戡定内乱,恢复约法,必须组织军政府,以资统一,而利进行。文与陆唐两公,同被举为大元帅、元帅,责以兴师讨贼之任。由是滇军奋起,西蜀联翩,湘南举兵,两粤扶义,……共谋约法国会之恢复。”①孙中山亦从临时约法效力的角度来谈约法的价值:“民国存亡,系于约法,约法无效,民国即亡。查约法政府既无解散国会之权,更无国会成立后再发生参议院之理。乃北京伪政府于九月二十九日,忽有另组新国会,重开参议院之伪令,背叛约法,逆迹昭然,退化却步,为天下笑。”②

那么,到底段祺瑞的作法,哪些违背了临时约法的规定呢?相较孙中山的“蹂躏约法”、“背叛约法”等用词,唐继尧的通电所言更清晰一些,唐继尧总结说:“一、总统因故不能执行职务,当然由副总统代行职权。惟故障既去,总统仍应复职,否则应向国会辞职。二、国会非法解散,不能认为有效,应即召集开会。三、国务员非经提交国会同意,由总统正式任命,不能认为适法。四、称兵抗命之祸首,应照内乱罪查办,以彰国纪。凡此四者,一以约法为依归,不可意为出入。继尧以为国家不可一日无法,在宪法未成立以前,约法为民国唯一之根本法。”③不过,这个通电,唐继尧

---

① 《坚持护法通电》,载《孙中山全集》(第4卷),中华书局1985年版,第184页。

② 《反对北京政府另组新国会重开参议院通电》,载《孙中山全集》(第4卷),中华书局1985年版,第210页。

③ 《唐继尧拥护约法通告京内外电》(1917年8月11日),载《护法战争》(中华民国档案资料丛刊),档案出版社1993年版,第39页。

尚未指出此次段祺瑞之被认为违反约法的根本点,这个问题在国会非常会议的宣言中得到解答:“约法二十八条内明白规定,参议院于国会成立之日解散云云。民国国会久已成立,人民与政府久已承认,今于国会非常解散后召集参议院,尚公然依据约法,自欺欺人,又将谁信?”①国会非常会议的这段文字也相当于承认,段祺瑞其实是自称依据临时约法而行事的,双方只是在段祺瑞不恢复国会而组建临时参议院的事情上,发生了激烈冲突。

对于非常国会议员们的这些言论,段祺瑞的重要智囊,同时也是组建临时参议院而非恢复国会的最重要建议人梁启超认为,国会的问题,在于权力太大,“国会则能掣肘政府,使一事不能办。……盖国会一出,则口衔天宪,谁能缩减其权限”?② 可见,是对德宣战问题上的痛苦回忆,使得段祺瑞及其智囊惧怕国会强大的制衡权。于是,其趁机不恢复国会,而采用组建临时参议院的重起炉灶之办法。

从上面的事实可以看出,其实南方的广州军政府与北京政府之间的分歧,核心点在于段祺瑞未能恢复国会的问题。所谓蹂躏约法、背叛约法、要求恢复约法,均指于此。所谓护法站运动,亦可称为要求恢复国会的运动。但是,要求恢复国会,却不如要求恢复约法来得慷慨激昂,更有正当性。也许广州军政府的主事者们,在用词上有这样的考虑。

在护法运动中,三个特别值得注意的地方是:

---

① 《国会非常会议声讨段祺瑞电》(1917 年 10 月 6 日),载《护法战争》(中华民国档案资料丛刊),档案出版社 1993 年版,第 429 页。

② 《致梁季宽电》,载丁文江、赵丰田:《梁启超年谱长编》,上海人民出版社 2009 年版,第 538 页。

一者，孙中山尽管在“护法”运动中对临时约法不再表示出不满，但他却对袁世凯时期国会制宪委员会通过的“天坛宪草”极不认同。在他看来，美国宪法是19世纪宪法思想的产物，“天坛宪草”体现的却是18世纪的宪法思想，显然落后，他表示：“今民国已成立七年矣，所望速日产生完全优美之宪法，驾于欧美以上，作为一个中西合壁的中国；表示我国宪法为二十世纪以后之法，且表示中国人之中国为最早开化之国，将见各国效我国之成规，抄袭我国之宪法，此兄弟所馨香盼祷于诸君者。”[①]对制宪态度较为认真、延续时间较长、构成了民国初年制宪基础的“天坛宪草”，孙中山态度尚且如此，其对临时约法的实际认同度可以想见。与此同时，从《建国方略》撰写的时间可以看出，孙中山此时较为满意的宪法模式，一如既往还是他的“五权宪法”。

二者，正如前述，护法运动是一连串历史事件的结果和延续。在张勋复辟时，孙中山指出：“中国六年来变乱之原因，正新旧潮流冲突之现象，因冲突所以无进步，所以有一次、二次、三次、四次之革命。”[②]一次是辛亥革命，二次是二次革命，三次是护国战争，四次是指向张勋复辟的革命。也就是说，护法之初，护的仍是共和，只是随着张勋的失败，他的战争目标和战争的旗帜才真正转化为护法。正像被解散国会的负责人吴景濂回忆指出的那样，在张勋复辟时，他与唐绍仪曾代表孙中山与段祺瑞谈，希望双方能够联手抗击张勋。段祺瑞开始同意，旋接受梁启超和汤化龙的建

---

① 《宴请国会及省议会议员时的演说》（1918年2月7日），载《孙中山全集》（第4卷），中华书局1985年版，第331页。

② 《在汕头各界欢迎会上的演说》（1917年7月12日），载《孙中山全集》（第4卷），中华书局1985年版，第113页。

议,拒绝了孙中山。吴景濂认为,这是护法战争南北分裂的起源,他甚至用了“梁汤之罪,不容诛矣”的说法,表示愤怒。① 而张勋复辟时,几个月后护法运动的重要参与人唐继尧此时还对说项的梁启超说:“拥护共和,职志所在,义无可辞……惟祝芝老与公克日成功。”②可见,护法运动的一方孙中山、唐继尧和另一方段祺瑞,本来存在着合作的机会。如果有了这个合作机会,那么是不是反击张勋复辟胜利之后,即便不恢复国会,而仍组建临时参议院,各方态度如何,亦未可知了。因为即使组建了临时参议院,旧的国会议员还可加入新的国会。

三者,不恢复国会而组建临时参议院,其核心是段祺瑞对国会权力的恐惧。按说,行政权力与立法权力发生争端,这正是宪政的常态,而这种宪政内部的分歧,却以战争手段对待,且造成了南北分治,那么所谓的“护法”,捍卫临时约法,其实是在毁弃一种宪法精神,即以和平手段进行权力制衡的精神。

整体而言,广州军政府一方的孙中山们,以护法为名建立军政府,其实本意不在于临时约法,而在于选取一面旗帜和一个军政府各方都能接受的最小公约数。

临时约法越受历史关注,其适用时间越长,越表明民国制宪之命运多舛。如果中华民国宪法能够在各方共同努力之下顺利制定出来,临时约法也早就会退出历史舞台。

此后的护法运动,无疑进一步提升了临时约法的历史影响

---

① 《吴景濂自述年谱(下)》,载《近代史资料》第 107 号,中国社会科学出版社 2003 年版,第 58 页。

② 《唐继尧为通电讨逆使复梁启超电》(1917 年 7 月 8 日),载《护法战争》(中华民国档案资料丛刊),档案出版社 1993 年版,第 42 页。

力。但是护法运动本身是以南北分裂的状态为表现形式的，所以，当护法运动以捍卫临时约法的名义发动时，它既无法做到真正捍卫了约法，又在事实上阻挡了宪法的制定进程，也违反了和平制衡的宪政原则。

发动护法运动的主事者之一孙中山，一直以来对于临时约法并无高度认同。当他对临时约法提出捍卫时，捍卫的也许不仅是这部临时性宪法，更重要的是他所领导和他所联合的政治力量。这本来无可厚非，但频用战争手段来捍卫，这就离临时约法本身的宪法精神越来越远，也使得宪法性法律的“临时”帽子，长期不能摘除。临时约法成为同盟之间的一个公约数、一种联络符号、一种抗击政治对手的符号。

梁启超的宪政预言

> 梁启超小说里的主人公说:“我常听西人说的,中国如像三十年未曾打扫过的牛栏,里头粪溺充塞,正不知几尺几丈厚。这句话虽然恶毒,却也比喻得确切。

梁启超在1902年发表了政论小说《新中国未来记》,从1902年遥望1962年。由于他未料到军阀割据、土地革命和列宁式政党的兴起,故越往后的历史,他越是预言错误。显然,历史本身的发展,比智者梁启超的遐想来得更加想象力丰富,“历史必然性”是对历史极有洞察的人也预料不来的走向。

但是,离1902年越近的历史,梁启超预言越准,有两条几乎全中。梁启超说对了什么呢?第一个是“同盟会”一词的出现。梁启超说:“你道我们新中国的基础在那一件事呢?其中远因、近因、总因、分因虽有许多,但就我看来,前六十年所创的‘立宪期成同盟党’算是一桩最重大的了。这党的名字怎么解呢?原是当时志士想望中国行立宪政体,期于必成,因相与同盟,创立此党,合众力以达其目的,所以用这个名。”①第二个是关于法典的编纂过

① 梁启超:《新中国未来记》,广西师范大学出版社2008年版,第13页。

程。梁启超说立法要“先为预备，特派出深于法律学者若干人为编纂法典委员，分纂宪法、行政法、民法、商法、刑法、诉讼法等，博征万国通行法律，考其沿革，择其某者可以适用于中国。”“他日政体一定，政府开法制局时，此书便可为蓝本。再经专门硕学辨析厘定，即可颁行。”

这两条里，清末修律本身始于1902年，倒不足为奇，而“同盟党”一词，与1905年同盟会名称几乎一致，着实令人惊叹。有意思的是，同盟会成立之后，最初的革命性和秘密会党性与梁启超的预言大相径庭，但1911年年底之后，复又有与梁启超的预言暗合了两年。

直到1911年年底，以孙文等人为领袖的同盟会，都一直是一个秘密会党。其秘密性于革命虽有帮助，但共和既然建立，现代政治中的国会、内阁、总统的选举，就不能不吁求公开化的政党，于是同盟会的去留和同盟会的公开与否，或者说，要不要以宪政模式思考同盟会，成为革命胜利之后同盟会高层不能不面对的问题。道理很简单，你不公开，就没法公开竞争，从而很可能在公开竞争中占据劣势。1911年11月，同盟会元老，同时也是光复会领袖的章太炎明确提出了“革命军起，革命党消”的代表性说法，并得到了清末立宪骨干张謇的响应，要求黄兴与孙中山密议取消同盟会。① 重要的是，章太炎和张謇各自的声音，都非孤立，而代表了不少同盟会内外革命或立宪派政治精英的共识。②

---

① 徐辉琪：《“革命军起，革命党消”口号由来及评价》，载《近代史研究》1983年第4期。

② 关于同盟会改组前的状况，参见李新、李宗一主编：《中华民国史·第二编北洋政府统治时期·第一卷（1912—1916）上》，中华书局1987年版。

1912 年 1 月 22 日,同盟会在南京举行二千余人规模的会员大会,商讨何去何从。[①] 当时,同盟会右派代表人物、法制局局长宋教仁与左派代表人物、总统府秘书长胡汉民二人政见分歧巨大,[②]在同盟会的问题上,亦是尖锐对立。按照当事人胡汉民的说法,右派以为,武装革命已告终了,应改为公开政党,"从事于宪法国会之运动,立于代表国民监督政府之地位,不宜附带秘密之性质。"[③]左派则以为:"革命之目的,并未达到,让权袁氏,前途尤多危险。党中宜保存从来秘密工作,而更推广之,不宜侧重合法的政治竞争,而公开一切。乃讨论之结果,右派占多数,且有改选精卫为总理之决议,盖以先生方综国政,不宜兼摄党事也。"[④]胡汉民叙述中最紧要的一句话,就是"不宜侧重合法的政治竞争"。这是持继续秘密论、继续革命论的胡汉民与主张合法竞争、建设宪政的宋教仁的根本分歧所在。但宋教仁派取得胜利。

如果我们注意到,这场辩争是在宋之权力与影响力均不及胡的情况下取得的,如胡汉民本人也指出的"宋不得志于南京政府时代,然已隐为同盟会右派之领袖,以左派常暴烈,为社会所指摘,右派稳健,以博时誉"[⑤]那样,那么我们就能知道,对革命的旧力量,在宪政模式下进行改造,已经成为同盟会内多数人的看法

---

① 胡绳武、金冲及:《辛亥革命史稿·第四卷·革命的成功与失败》,上海人民出版社 1991 年版,第 262 页。

② K. S. Liew: *Struggle for democracy: Sung Chiao – jen and the* 1911 *Chinese revolution*, Berkeley: University of California Press, 1971, p. 156.

③ 胡汉民:《胡汉民自传》,载《近代史资料》第 45 号,中国社会科学出版社 1981 年版,第 61 页。

④ 同上。

⑤ 同上书,第 62 页。

了。公开后同盟会的政纲是:"一、完成行政统一,促进地方自治;二、实行种族同化;三、采取国家社会政策;四、普及义务教育;五、主张性别平权;六、厉行征兵制度;七、整理财政厘定税制;八、力谋国际平等;九、注重移民垦殖事业。"①这明显改变了秘密时代该会以民族主义为号召,以暴力革命为行动的基调。众人推动同盟会的此次改造,实因为:其一,民国成立之前,同盟会的主要目的是取得政权,改变满清统治。尽管激进与稳健派之间的主张犹有不同,但终极目标是一致的。如今,这一目标刚刚实现,政府结构逐步搭建,正式宪法尚未公布,正式国会尚未选出,人心思建,再去激进革命,一时难以求得共鸣。就算想革命,还需要筹措军队,求得民众支持,这都非易事。议会内政党政治之争,已经成为迫切课题,只要不反对宪政框架下的议会政治,不反对革命成果,或者说,不主张以铁血手段继续革命,就得在议会的和平竞争中占领优势,在内阁中占领优势。其二,其他政治力量如清末官僚集团与推动清末宪政建设卓有成效的立宪派们正在各显神通,建立政党,同盟会不进则退。

同盟会公开,对同盟会籍的参议员的意义实在重大。让议员们崭露头角,从政权成立的助产士变成了政权建设的参与者。公开是一大胜利,公开后仍需继续转轨。转为公开政党的同盟会,得以迅速吸纳新会员,增至十数万人,但是,在实力强大的同时,该会又面临严峻局面,必须进一步改造,才能适应需求。内部,骄悍会员不少,惹人诟病;外部,新的政党与政党集群进一步成立,

① 《同盟会公开时代之总章》第3条,载邹鲁:《中国国民党史稿》,商务印书馆1944年版,第82页。

与之形成竞争之势。1912 年春成为统一共和党领袖的谷锺秀 1914 年在《中华民国开国史》中指出:“同盟会自革命告成,党员之重要者多为崛起之伟人,又不乏富于新思想之学者,诚可为新势力之代表。惟智识简单、血气未定之党员往往有逸出常轨之举动,乘势作威,其气概不可一世,遂为举世所诟病。”①也正是这个原因,促使宋教仁谋求继续改造同盟会,而有了国民党的成立。

按照梁启超在 1902 年的预言,同盟党之后,国中将分化出三大政党:第一个国权党“主张中央政府的势力”,第二个爱国自治党“主张地方自治的权利”,第三个自由党“主张民间个人的幸福”。这大体也与同盟会转型之后的状况吻合。如果说梁启超本人领衔的进步党相当于国权党,则转型后的同盟会——国民党九大略相当于自由党。梁启超预言三大政党“其宗旨各有不同,常常互相反对,激烈辩争”,恰与十年后的 1912 年于右任的描述吻合:“热心爱国、纯白男子之宋教仁,满脸涂抹,忽而为生,忽而为丑,忽而为末,袁派攻之,他党攻之,本党一种人,又暗中攻之,而宋氏遂体无完肤。”②

但是,梁启超只预言了“批判的武器”,却没有预言到“武器的批判”。正是“武器的批判”改变了他所说的三种政党制衡的局面,也改变了同盟会和中国随后的走向。

为什么梁启超只能猜到开头,却猜不到结尾?部分原因却也在他的小说了。

一些原因在于,民国之初的制度仍未能安顿永恒的人性之

① 谷钟秀:《中华民国开国史》,上海泰东图书局 1914 年版,第 98 页。

② 于右任:《答某君书》,载《于右任辛亥文集》,复旦大学出版社 1986 年版,第 240 页。

恶。梁启超说:“那时不但那旧党贪污鄙贱,形同禽兽,就那号称民间志士,也是满肚皮私欲充塞,变幻狡诈,轻佻浮躁,猜疑忌刻,散慢乱杂,软弱畏怯,他那心术行为正是同旧党一鼻孔出气,或者反比旧党还不如哩。”人性中恶的一面与职业和身份并无必然联系,制度想当然地认定某一群人、某一类人必然善良,不去思量安顿人性之恶,而为扬恶、舞暴提供方便,局面当然越来越糟。

另一些原因在于,国人总想在一夜之间荡涤所谓污泥浊水,不知道荡涤之后,问题还会重来。梁启超小说里的主人公说:“我常听西人说的,中国如像三十年未曾打扫过的牛栏,里头粪溺充塞,正不知几尺几丈厚。这句话虽然恶毒,却也比喻得确切。哥哥你想,不是用雷霆霹雳手段,做那西医治瘟疫虫的方法,把他划到干干净净,这地方往后还能住得么?”112 年过去了,这些话不还是听来很熟悉吗?

改造同盟会

民初所谓的“稳健”，基本是这样一种姿态：“不取急躁，不重保守，惟以稳健为第一要义。”

对辛亥革命而言，丹尼尔·贝尔的这段话亦属合适：“真正的问题都出现在‘革命的第二天’。那时，世俗世界将重新侵犯人的意识。人们将发现道德理想无法革除倔强的物质欲望和特权的遗传。人们将发现革命的社会本身日趋官僚化，或被不断革命的动乱搅得一塌糊涂。”①这个现象，辛亥革命的当事人们自己也意识到了。

革命第二年之初，也即中华民国元年，1912 年 1 月 28 日，参议院举行正式开会式，临时大总统孙文致辞：“人有恒言：革命之事，破坏难，建设尤难。夫破坏云者，仁人志士，任侠勇夫，……及一旦事机成熟，倏然而发，若洪波之决危堤，一泻千里，虽欲御之而不可得，然后知其事似难而实易也。若夫建设之事则不然。建一议，赞助者居其前，则反对者居其后矣；立一法，今日见为利，则

① ［美］丹尼尔·贝尔著：《资本主义文化矛盾》，赵一凡等译，三联书店 1989 年版，第 75 页。

明日见为弊矣，又况所议者国家无穷之基，所创者亘古未有之制。”①在孙文看来，建设新政权之难，尤甚于破坏旧政权。值得注意的是，他把“建一议，赞助者居其前，则反对者居其后矣”列为建设的难题之一。显然，新政权中派系林立，观点层出，一派一义，令临时大总统亦颇受掣肘。的确，辛亥革命，既是共和革命，也是“光复”革命和独立革命，不用说北方还有满清贵族与袁世凯等不同势力盘踞，即便在南京，南京的参议院议员，既是国民的代表，更是先宣布独立而后归于联合的各省份的代表。正是在这个声音多元、政治派别多元的背景下，1912 年的中国，开始了宪政的实践、实验、探索历程，开始了作为“国家无穷之基”的宪政基石的筑建。

追寻宪政，需要耐心、妥协、智慧与坚持。无论是激进的行动者，还是专制的实践者，事实上都不太能接受真正的宪政模式——中国在 1912 年至 1919 年及其后的历史，都表明这一点。但是，归于失败的宪政实践，期间也有亮光，以宋教仁为代表的同盟会—国民党稳健派，就视图以稳健为原则，以宪政为职志。虽说，1913 年春天的宋教仁之死，恰好也成了宪政死亡或遭遇重大挫折的某种隐喻，但是，宋教仁和他的合作伙伴张耀曾等人推进的宪政实践，不容忽视。本文主要以 1912 年国民党成立为视角，来观察他们的稳健宪政观与稳健宪政行动。民初所谓的“稳健”，

---

① 《参议院议事录 · 参议院议决案汇编》，北京大学出版社 1989 年版，第 2 页。

就是同盟会评议部议长,同时兼任同盟会在参议院之院内总干[①]事的张耀曾和宋教仁等人以施展政治才干的巨大平台。

转为公开政党的同盟会,得以迅速吸纳新会员,增至十数万人。[②] 但是,在实力强大的同时,该会也面临严峻局面,必须进一步改造,才能适应需求。内部,骄悍会员不少,惹人诟病;外部,新党进一步成立,与之形成竞争之势。1912年时为同盟会会员的李剑农后来指出:"在南京临时政府时代,当然还是同盟会的干部人员手握重权,而该会中的少年党员,妄自骄功,举动暴烈,干部领袖不能节制,同盟会便为人所诟病。"[③]1912年春参加统一共和党的谷锺秀1914年指出,"同盟会自革命告成,党员之重要者多为崛起之伟人,又不乏富于新思想之学者,诚可为新势力之代表。惟智识简单、血气未定之党员往往有逸出常轨之举动,乘势作威,其气概不可一世,遂为举世所诟病,而一般拥有旧势力之官僚为革命时摧残殆尽者,亦思藉一党势,恢复其固有。故反对同盟会之党亦有一日千里之势。"[④]在这里,谷锺秀描述反对同盟会的政治党派的增长态势,既说明了民初政党的星罗棋布,"纷纷而出",[⑤]又说明同盟会遭遇挑战的现实。统一共和党的另一名首领

---

① 梁漱溟在《有关民国初年政史的见闻纪实》中指出:"通例在议会中某一个政党的许多议员们都有一个它的领袖,称为院内总干事,在同盟会当时并非由林森担任,而是张耀曾。"《文史资料选辑》(第1辑),中华书局1960年版,第89页。梁漱溟本文的证明力见前面注释。

② 胡绳武、金冲及:《辛亥革命史稿·第四卷·革命的成功与失败》,上海人民出版社1991年版,第265页。

③ 李剑农:《中国近百年政治史》,复旦大学出版社2002年版,第322页。

④ 谷钟秀:《中华民国开国史》,上海泰东图书局1914年版,第98页。

⑤ 徐君勉:《致南海夫子书》,载《梁启超年谱长编》,上海人民出版社2009年版,第407页。

吴景濂则将矛头指向时任总统府秘书长胡汉民权势较大引发的问题："同盟会旧日党员不依附胡汉民者(此时胡汉民为临时总统府秘书长，权势专横)，虽同盟会老党员亦不能得官。因此同盟会之老党人对胡及同盟会新进得官之人，大不满意，拟另组织政党，以为对抗。"①胡汉民对此问题倒是也不回避，当立宪派的元老张謇表示出合作姿态时，胡汉民毫不接受，被张謇讽刺地称为"第二总统"："张謇荐其徒十余人于秘书，余悉不用。张扬言于沪，指余为第二总统。精卫以告，且曰：'惟负责，故有此谤。毁之，适以誉之耳。'"②这些状况说明，必须对同盟会深化改造，才能适应需求。

对同盟会稳健派来说，恰当的时机随之来临，这就是临时政府从南京迁到北京。

到了北京时期，左派稍有式微，右派逐步壮大。宋教仁改造同盟会，从议员中寻觅到了张耀曾等合作伙伴。"议员甚多，又必得有其中坚有力人物与宋密切合作，方能成其事，这第一便是张耀曾氏。"③

何以在北京，稳健派能逐步占据同盟会主流，自有原因。其一，从个人角度，随着总统易为袁世凯，左派首领胡汉民已不做总统府秘书长，而复任广东都督，这就使得宋胡之争，胡去宋在，稳健的宋教仁在首都的影响力上升。其二，正如张耀曾的分析，"民国之成，成于三大派人物的协力。革命党人是创造民国的总原动

---

① 吴景濂：《吴景濂自述年谱》(上)，载《近代史资料》第106号，中国社会科学出版社2003年版，第48页。

② 胡汉民：《胡汉民自传》，载《近代史资料》第45号，中国社会科学出版社1981年版，第58页。

③ 梁漱溟：《有关民国初年政史的见闻纪实》，载《文史资料选辑》(第1辑)，中华书局1960年版，第92页。

力,立宪党人在辛亥革命当时鼓动赞助之力也极为显著,军阀官僚反身来附和共和,是民国速成的原因。所以开国后,政治势力就在这三大派手里。”[①]但是,处于执政地位的,是第三支力量,也就是袁世凯当局。在这种处境里,如果不激进革命,那么就是在与袁力量在合作中竞争,在当时,现实的做法便是通过议会与内阁与袁世凯力量竞争,同盟会稳健派便做了这样务实的选择。其三,同盟会必须有赢得民众和社会精英的理念与实践,亦需足够的政治技巧,合纵连横,才能应对相当激烈的政党竞争,求得胜利。

但是,在同盟会初步宪政化的进程中,右派地位在同盟会内部的突出,却不必然意味着同盟会即能节节胜利。就在迁来北京之初,同盟会在政党竞争中就有失手,失掉了参议院议长的重要职位。本来,按照同盟会的预想,是想以同盟会之强势,当参议院议长林森、副议长王正廷去职时,推张耀曾为议长候选人,[②]且声称,“该党非得议长不可”,[③]却不料统一共和党与共和党结盟,最终选出了统一共和党的吴景濂。[④] 吴景濂得票46票,汤化龙44

---

① 张耀曾:《民国制宪史概观》,载张耀曾:《宪政救国之梦:张耀曾先生文存》,法律出版社2004年版,第76页。梁启超亦持类似看法,参见《致袁项城书》(1912年2月23日),载《梁启超年谱长编》,上海人民出版社2009年版,第401页。

② 梁漱溟:《有关民国初年政史的见闻纪实》,载《文史资料选辑》(第1辑),中华书局1960年版,第93页,及吴景濂:《吴景濂自述年谱》(上),载《近代史资料》第106号,中国社会科学出版社2003年版,第49页。

③ 吴景濂:《吴景濂自述年谱》(上),载《近代史资料》第106号,中国社会科学出版社2003年版,第49页。

④ 李剑农的《中国近百年政治史》和黎澍的《辛亥革命前后的中国政治》都认为张耀曾当时加入了统一共和党且是骨干,实属巨大谬误,尤其是李剑农,他曾任谷锺秀创办的《中华新报》编辑,实不应错写谷锺秀、张耀曾的政治活动。李剑农、黎澍著作错写张耀曾为统一共和党党员,直接导致参议院初迁北京时同盟会的第一场败仗无法叙述。

票任副议长,[1]张耀曾得票仅为29票。[2] 虽然张耀曾两天后即1912年5月3日任法制委员会委员长,但究竟不比议长为全院之首。同盟会的这次败绩必定触动了宋教仁等主事者。

1912年5月,共和党由数党合并而成,更成为同盟会的劲敌。“共和党像统一党一样,为反同盟会派各政团之结合,1912年5月9日成立于上海,它的组成分子包括民社、统一党、国民协进会、国民公会、国民党(潘鸿鼎组)和国民共进会(徐谦、陈锦涛等所组者)。”[3]局势之严峻触发同盟会于1912年5月和7月分别召开数次会议,研究对策,在7月21日的同盟会夏季大会上,张耀曾当选为宋教仁原任的政事部主任干事,可见二人之主张定极为契合。这次的同盟会大会,实为组建国民党奏出前音。与国民党颇唱反调的《亚细亚日报》也分析:“同盟会分子原分稳健、不稳健两派,从前种种失败皆由不稳健分子所为,近日其中稳健分子大思改良,干部员会议全体一致,但分为甲乙两派,甲派主张就现在之同盟会换易名目,其政纲党员一切仍旧。乙派则反对前说,谓同盟会谓世诟病,非由名目不良,实因分子过杂,宜于现同盟会中另结同志,改组政党,虽由此办法或有分裂之事,惟欲实行改良,求政治上最后之胜利,非此不可,宋遯初、胡经武诸人主张乙说最力。”[4]

---

① 五月初一日下午一时开会,载《参议院议事录》1912年第5期。

② 梁漱溟:《有关民国初年政史的见闻纪实》,载《文史资料选辑》(第1辑),中华书局1960年版,第93页。

③ 张玉法:《民国初年的政党》,岳麓书社2004年版,第89页。

④ 《同盟会改组之近闻》,载《亚细亚日报》1912年7月5日。

政治竞争

国民党成立的最重要的契机，是统一共和党在政争的刺激下，向同盟会抛来橄榄枝之事。

与其他政党合并，当然能壮大力量，现实地来说，也就是才能与咄咄逼人的共和党抗衡。但是合并中必然有妥协，必须放弃部分固有特性，必须将部分位置留给他党。这对于颇为骄傲、对旧的革命流血组织怀有深情的一些激进派同盟会员来说，当然不能接受。所以，当宋教仁提出合组大党之初，“同志多反对之，卒以争临时参议院议席之故，且与政党内阁相号召，几经曲折，终与统一共和党、国民共进会、共和实进会、国民公党合并，改为国民党。同盟会员闻之，多有痛苦者。”①邹鲁的这段话，或许夸大了反对者的声音，因为如果多数这么反对，最终也就不可能合党，但是，的确党内反对声浪很高。如戴季陶 1912 年 5 月 20 日在《民权报》发表文章：“熊希龄卖国，杀！唐绍仪愚民，杀！袁世凯专横，杀！章炳麟阿权，杀！此四人者中华民国国民之公敌也。欲救中华民国之亡，非杀此四人不可。杀四人而救全国之人，仁也……以全

① 邹鲁：《中国国民党史稿》，商务印书馆 1944 年版，第 124 页。

国之国民而无人敢诛此四贼，以救全国人民之生命财产，以保五千年之荣誉之历史乎？吾殊不敢以此诬我国民也。"[①]这基本是不合作的类似于"二次革命"的姿态。也有反对同盟会改名者，如"白逾恒、田桐等数人，即痛陈同盟会系数十年流血所成，今日当以生命护拥此名，与民国同休。"[②]

可见，宋教仁等人当时工作极为艰难。在宋教仁艰难之际，张耀曾、平刚、文群三人首先与国民共进会的代表会商。[③]虽会谈无果，但亦属推进。

国民党成立的最重要的契机，是统一共和党在政争的刺激下，向同盟会抛来橄榄枝之事。在1912年7月议决陆征祥内阁之时，因政情之变化，"受共和党以及军警界之攻击，该党异常激愤"，[④]向宋教仁提出合党。张耀曾与该党负责人谷锺秀、吴景濂早年便为同窗，又同为参议员，当然有沟通便利。张耀曾被同侪后来误认为统一共和党党员，虽属讹误，却也表明他与该党的密切程度。宋教仁向孙中山、黄兴报告统一共和党提出的合并三项条件即变更同盟会名义、废去民生主义、改良内部组织并得到许可后，政事部主任干事张耀曾草拟了新党的党名、政纲和组织。张耀曾草拟的政党名称为"民主党"，但在8月5日的会谈中被多数修改为"国民党"。[⑤] 1912年8月7日，宋教仁、张耀曾与国民公党的杨南生共同起草新党宣言。终到1912年8月25日，国民

---

① 戴季陶（天仇）：《杀》，载《民权报》1912年5月20日。

② 黄远庸：《乔妆打扮之内阁》（1912年7月22日文），载《黄远生遗著》卷一，台北华文书局1969年影印版，第188页。

③ 张玉法：《民国初年的政党》，岳麓书社2004年版，第56页。

④ 《五党大合并详志》，载《民立报》1912年8月18日。

⑤ 同上。

党成立大会召开,孙中山、黄兴到会支持成立。

《国民党宣言》可以说是宋教仁等人筑建作为宪政基石的现代政党之思路的全面总结,其核心是要打造"强健而良善"的宪政下之政党,作为政治的"中心势力":"一国之政治,恒视其运用政治之中心势力以为推移。其中心势力强健而良善,其国之政治必灿然可观;其中心势力脆薄而恶劣,其国之政治必暗然无色。此消长倚伏之数,固不必论其国体之为君主共和,政体之为专制立宪,而无往不如是也……然而共和立宪之国,其政治之中心势力,则不可不汇之于政党。"①宣言反复强调,只有有了强健而良善的政党,运用好政治的中心势力,才能建设好立宪政治:"中国虽号为共和立宪,而实无有强健而良善之政党焉,为运用政治之中心势力而胜任痛快者。夫共和立宪之政治,在理未有不以政党为其中心势力,而其共和立宪犹可托者,而今乃不然,则中国虽谓为无共和立宪国之实质焉可也。"②有了这样一个良好政党,"进而组织政府,则成志同道合之政党内阁(责任内阁制之国,大总统常立于超然地位,故政党不必争大总统,而只在组织内阁),以其所信之政见,举而措之裕如。退而在野,则使他党执政,而已处于监督之地,相摩相荡,而政治乃日有向上之机。"③

宣言提出了"两党制"的政党思路:"且一国政党之兴,只宜二大对峙,不宜小群分立。"④而国民党就追求"渐达于为共和立宪之政治中央势力,且以求符于政党原则,成为大群,藉以引起'一

① 《国民党宣言》,载《民立报》1912年8月18日。
② 同上。
③ 同上。
④ 同上。

国只宜二大对峙'之观念，俾其见诸实行。"[①]实行两党制，这是国民党在共和党因应共和党成立的表态，但是也表明了主事者们的基本主张。如果我们注意到张耀曾曾经建议将国民党定名为"民主党"的细节，就不难发现，以"民主党"来抗衡"共和党"，民国元年的同盟会—国民党稳健派们对于美国的两党政治，有亦步亦趋之意。

1912 年 7 月 9 日，袁世凯发布《申戒政党勿怀挟阴私令》："无论何种政党，均宜蠲除成见，专趋于国利民福之一途。若乃怀挟阴私，激成意气，习非胜是，飞短流长，藐法令若弁髦，以国家为孤注，将使灭亡之祸于共和时代而发生。……凡我国民，务念阋墙御侮之忠言，懔同室操戈之大戒，折衷真理，互相提携，忍此小嫌，同扶大局，本大总统有厚望焉。"[②]袁世凯这一文告，是对当时同盟会主张政党内阁、掣肘行政权的回应，但更是批评政党中的激进声音，呼吁互相提携忍让。尽管袁世凯在这时与同盟会及国民党并无共同的政治利益，而分歧非常巨大，且通过共和党制衡国民党，但无论如何，这则令文的气质和同盟会—国民党之稳健力量乃有共通之处。这也表明，在 1912 年的夏天，袁世凯与同盟会及随后合组的国民党之间，还算和睦共处而非刀兵相见。在民国初年，这是宪政建设的短暂的黄金时刻。

---

① 《国民党宣言》，载《民立报》1912 年 8 月 18 日。

② 《申戒政党勿怀挟阴私令》，载章伯锋、李宗一主编：《北洋军阀：1912 ~ 1928》（第 2 卷），武汉出版社 1990 年版，第 1357 页。

1912 年的法律与革命

革命破坏了一部分旧秩序，但法律体系的基本沿袭，意味着革命造成的动荡和带来的新的制度建设成本，就都比较小。

余英时先生曾经指出，辛亥革命是一次破坏性较小的革命，[①]这是有道理的。我的看法是，辛亥革命抽象破坏大，具体破坏小。所谓抽象破坏，就是将旧的以普遍王权为基础的帝制与支持帝制的天命观一举打破，并打破了最高权力继承人的世袭做法，并将如何产生新的政治哲学和新的最高权力转移问题摆在了思考并不成熟的国人面前。所谓具体破坏小，首先表现为战争规模小。假使我们看当时英国驻华记者莫理循的前线访问，就会看到清廷派到征服南京政府前线的部队中，少壮派们实以放弃君主立宪而奔向共和为诉求。

具体破坏小的第二个表现，在我看来就是南京临时政府理性地保留了清政府的法律体系。

对清政府集十年之功确立的刑法、商法、诉讼法、组织法等诸

---

① 马国川访谈余英时：《回首辛亥革命，重建价值观念》，载马国川：《中国在历史的转折点》，中信出版社 2013 年版。

种法律组成的大型体系，临时政府的人并非人人认同。居正推出《暂行报律》的举动就表明了革命者欲在法律上“自立门户”的倾向。1912 年早春，内务部次长居正“见上海报纸语杂言庞”，[①]决心用法律来进行规制。3 月初，内务部推出了《暂行报律》。内务部指出，民国现已完全统一，前清政府颁布的一切法令，非经民国政府声明继续有效者，应失其效力。就清政府颁布的《报律》——也就是对媒体进行管制的法律来说，辛亥革命以来，既然民国政府并未宣布其继续有效，自无继续之效力。而新的民国报律也没有制定出来，故先推出《暂行报律》。

居正大约没有料到这部暂行法律引来了巨大的反对之声。上海报界的联合会和多家报社联合致电孙中山，指责“内务部擅定报律，侵夺立法权”。时任总统府枢密顾问的章太炎强烈反对报律，章士钊也代表当时的《民立报》指出：本报对于内务部之报律，要求根本取消，无暇与之为枝枝节节之讨论，“以后并灌输真正之自由理想于国民之脑中，使报律两字永不发于国会议员之口。”面对反对风潮，临时大总统孙中山迅速令内务部取消该律，他指出：民国一切法律，皆由参议院议决宣布乃为有效。同时，孙中山复电报界俱进会及各报馆，强调“言论自由，各国宪法所重”。

居正试图抢在民国正式立法之前，先制定一部新的暂行法，哪怕是一部条文简单的、考虑并不成熟的法律。假使这种做法形成浪潮，恐怕南京临时政府就会出现很多新立的条文简陋的临时性法律，并成为尾大不掉的临时法律体系。假使某一天欲行修订，费工费力不说，还不一定能改好，并会对社会形成许多行为上

① 居正：《居正文集》，华中师范大学出版社 1980 年版，第 256 页。

的误导。恰好,历史这个上帝的神秘作坊,挫败了居正的这个努力。

前述居正认为,清廷法律必须经过民国政府认定才行,这实际上是一种否定论,强调清廷法律的无效性。与此相对,司法总长伍廷芳高度肯定清廷法律。1912 年 3 月 21 日,临时大总统孙中山根据伍廷芳的提请,向临时政府参议院递交了《大总统据司法总长伍廷芳呈请适用民刑法律草案及民刑诉讼法咨参议院议决文》。[①] 该文件指出:光复以来,前清政府之法规既已失效,中华民国的法律尚未颁行,各省的暂行规定,尤不一致。当此新旧递嬗之际,必有补救方法,才能有统一标准。本部现拟就前清制定之民律草案、第一次刑律草案、刑事民事诉讼法、法院编制法、商律、破产律、违警律中,除第一次刑事草案关于帝室之罪全章及关于内乱罪之死刑,碍难适用外,其他皆由民国政府声明继续有效,作为临时适用法律,使司法机关能有法律依据。临时大总统孙中山在这份文件中还郑重指出:"查编纂法典,事体重大,非聚中外硕学,积多年之调查研究,不易告成。而现在民国统一,司法机关将次第成立,民刑各律及诉讼法,均关紧要。该部长所请,自是切要之图。"参议院于 1912 年 3 月 25 日对此法案开始审议,至 4 月 3 日正式通过《新法律未颁行前暂适用旧有法律案》,在参议院回复大总统的文件中指出:本来国体变更,清廷法律应当一律失效,但中华民国法律不能仓促制定,当此新旧递嬗之交,不可不设补救之法。此次政府交议当法律未经规定颁行以前,暂酌用旧有法律自属可行。所有前清时规定之《法院编制法》《商律》《违警律》

① 《临时政府公报》,1912 年第 47 号。

及宣统三年颁布之《新刑律》《刑事民事诉讼律草案》，并先后颁布之《禁烟条例》《国籍条例》等，除与民主国体抵触之处应行废止外，其余均准暂时适用。①

一场革命破坏了旧秩序，但有没有必要完全排除旧的一切秩序，又能不能够确立全新的、较好的制度，值得思考。热血不代表学养，热情不代表能力。从 1912 年的中央法界人士——参议院议员、法制局成员、司法部成员组成来看，他们要么就是当年参与了清廷立法的核心人士如伍廷芳，要么与当年参与了清廷立法的江庸等人本属同学，假使他们要全盘否定清廷旧法，而制定一系列新法，那么，从法学素养和立法技术来说，也就是打个平手。要知道，法学素养和立法技术与阶级立场无关，它是个有就是有、没有就是没有的硬功夫。更何况，晚清政府延揽许多国外法学家参与立法，花销不小。如果再次邀请域外专家，恐怕还是那些人那些建言，民国政府似乎也必要再花这笔冤枉钱了。

作为事后诸葛亮，我们知道了 1912 年的民国政府没有重起炉灶重建法律体系实为正确举动，但是在当时并不平静的环境里，他们做出这样的抉择实为不易。革命破坏了一部分旧秩序，但法律体系的基本沿袭，意味着革命造成的动荡和带来的新的制度建设成本，就都比较小。一百年过去了，阅读 1912 年的“法律与革命”，我们为当事人们的正确选择松了口气。

---

① 《参议院议决案汇编》，北京大学出版社 1989 年版，第 119 页。

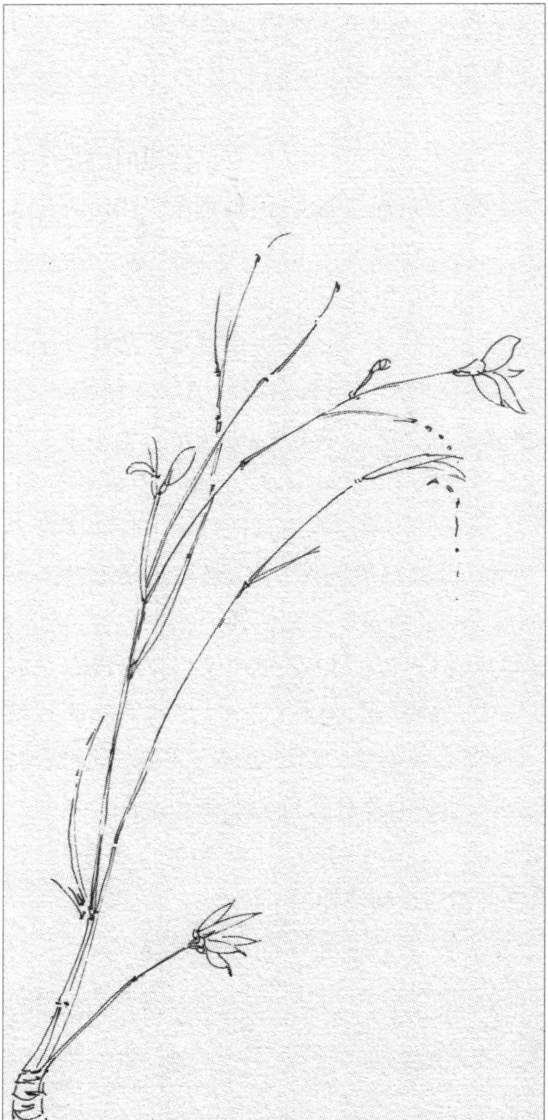

一场革命破坏了旧秩序，但有没有必要完全排除旧的一切秩序，又能不能够确立全新的、较好的制度，值得思考。热血不代表学养，热情不代表能力。

弹劾吕志伊案:民国弹劾第一案

立法权和行政权的交锋上升到了弹劾的程度,成为了民国的弹劾第一案,原来起因不过是议员的一句"前朝何如,本朝何如"的话,这就是历史的有趣之处。

不知道是什么原因,可能仅仅是口误,大约1912年2月初,代表湖北省的参议员刘成禺在参议院开会议事时说了一句:明朝的时候怎么怎么样,本朝怎么怎么样。仅从字面看,这话肯定说错了,似乎刘成禺身为新民国的议员,脑子里还觉得自己是清朝人。由于南京临时政府整体都缺乏较为详细的会议和议事记录,而仅有讨论事项的记录(《参议院议事录》),所以,我们很遗憾不能基于会议记录还原刘成禺发言的情状。但无论如何,这区区口误,连茶杯里的风浪都算不上。

可是,这件事却引起了司法部次长吕志伊的高度重视。1912年2月10日,吕志伊针对参议员刘成禺在会议上使用"明朝何如,本朝何如"的说法,致函湖北军政府军务部长孙武,质问说:这位参议员是民国的参议员吗?还是清政府的参议员?若果为民国的参议员,何"本朝"之有?若为清政府的参议员,那么不仅民国议院中不能容此违背国宪之人,恐贵省人士也不能承认。夫议员之言论,行政官本无权干涉,但是违背国宪与叛逆的重罪,则各国宪法均许司法警察逮捕,交审判机构审判。对于此事,本宜马上行使使弟之职权,惟念此次民国之成立,全仗贵省人士首先起义成功,厥功甚伟;况满虏未除,共和未固,吾全国同胞,均宜同心协力,共达圆满之目的,故弟未敢遽行派人捕惩。特先函吾兄,声明理由,祈代转呈黎副总统,请示办法。在这里,吕志伊把刘成禺的言论上升到了"违背国宪"的高度。在他看来,如果不是因为刘成禺身出率先起义的湖北省,他早已开始行使职权,准备将刘成禺逮捕了。

如果细究,我们发现吕志伊在信里犯了三个错误:一是当时司法部权力的边界是什么,为什么司法部可以声称逮捕议员。二是副总统黎元洪身兼湖北军政府负责人,如果吕志伊的信函是要让孙武请示黎元洪,对其职务的称呼不应该是副总统,副总统反而是吕志伊作为司法部官员的上司。三是孙武本是军事长官,吕志伊与军事长官讨论问责议员的问题,显属主体不适格。这些理论上的错误,建立在当时特定的事实上,这就是南京临时政府作为中央政府,与湖北军政府之间有一种微妙关系。作为首义之地,黎元洪在南京政府正式成立之前,曾想在武汉设立中央政府。故新政府在南京成立,湖北方面与中央仍稍有博弈。作为博弈的表现,不排除吕志伊想借刘成禺的口误来敲打湖北方面;同样是作为博弈的表现,黎元洪不仅致函总统孙中山与司法总长伍廷芳,指出刘成禺的言论即便属实"亦不过历举前史,信口流露,偶失检点,由议长当场纠正足矣"。更将吕志伊欲捕刘成禺这件事通报给了刘成禺的"所在单位"参议院。

参议院 2 月 26 日就此多数议决,提出弹劾,由王有兰、文群、谷锺秀、时功玖、汤漪五人起草弹劾文,提出了议员言论责任的问题。这是民初第一次提出这一问题,也是南京临时政府唯一一个弹劾案。

作为官方的正式表达,参议院的弹劾意见认为:(1)议员在院内发言,于院外不负责任,故吕志伊干涉议员言论自由;(2)议员在会期中,除内乱外患罪外不得逮捕,刘成禺的言论怎么能够得上内乱外患?吕志伊之指责,属于莫须有;(3)议员代表全国,非一地方可得而私,吕志伊为什么又要请湖北地方政府来解决这个问题;(4)如议员果被认定为犯罪后,与普通公民并无区别,何以吕志伊又提出首义之地便宜区别对待?参议院说,以上种种违法情形,如不纠正,则立法机关可以随时横遭蹂躏,民国前途何堪设想?吕志伊和刘成禺这件事,已非他们二人之间的事,故"本院认为,吕志伊如此违法,实不能胜司法部次长之职"。

临时大总统孙中山答复认为,吕志伊的书信,其性质是私人书信,刘成禺不是安然无恙吗?故不能认定吕志伊对议员和议院形成了实质干涉。孙中山在这里论证了行政权与立法权的关系,认为二者不能偏废。他说:目前我们成立了共和的民国,立法权固当倍加尊重,而行政权亦不宜轻蔑。司法次长系民国之望,如果仅仅因为他在私人信件里表达的意思,就弹劾令其去职,恐非民国之宜。"美国百年以来,议院弹劾行政官不过数次,诚互相尊重维持之至意。"

立法权和行政权的交锋上升到了弹劾的程度,成为了民国的弹劾第一案,原来起因不过是议员的一句"前朝何如,本朝何如"的话,这就是历史的有趣之处。这样的历史,设计是设计不出来的,确实需要各种人物关系的合力方能促成。黑格尔曾说,小原因不会产生大结果。黎元洪对刘成禺言论的评论,我认为极有道理,的确是仅仅属于信口流露,有失检点而已。在我看来,这是弹劾事件的起因,却不是原因。原因还在于,中央政府与地方政府、行政权与立法权,都在动态中寻找平衡点,在博弈中寻找权力的边界。

可惜的是,吕志伊案最终的处理有点不了了之的味道,使得这次权力边界的探索任务没有达到最佳状态。1912 年 3 月 4 日,议员汤漪提议对本案进行特别审查,得到多数同意,于是由平刚、李肇甫、胡绍斌、张耀曾、王有兰五人任特别审查员。但早在 2 月 29 日,本案涉案人刘成禺即与湖北参议员张伯烈、时功玖表示从参议院辞职,且未再出席,经参议院"多次函催出席,执意不来",至 3 月 5 日三人复函参议院,议员提议确认辞职,并请鄂都督黎元洪另选湖北参议员。由此,随着三人的辞职,吕志伊案的审查也就没了下文。尽管如此,参议院的弹劾书和孙中山的答复,都作为正式文件记录在《临时政府公报》第 28 号中,当时已公开出版。这,也定能促动当时国人对权力边界的思考。

致敬捍卫领土的先民

失去了领土的国民，就像《天龙八部》里边的慕容家族。无论谈优越性，还是谈自由、谈宪法权利、谈制度建设、谈改革，都成了虚拟的讨论。

在两百多年前美国开国者的作品《联邦论：美国宪法述评》（又译《联邦党人文集》）中，作者杰伊写道："独立的美利坚领土，不是东一片，西一块，支离破碎，而是连成整体，肥田沃土，绵延不绝，福荫我西方自由子孙。每当见到这个情景，我的心顿时感到滋润。"作者说："这个国家，这个民族，犹如天作之合，仿佛上天独创，遗传一脉相承，合成同胞，恰如其分，由坚强的纽带相连，永不分离为几个彼此嫉妒、互不交往、互不相容的国家。"已故的译者尹宣先生将这段话翻译得文辞优美，感情充沛。我以为，尹先生不仅将译文指向美国，也指向了自己的祖国。而美国的开国者在谈宪法的专栏谈及领土问题，见得领土实为极为重要的宪法问题。

从美国想到中国，我们更能感到领土对中国的意义。杰伊对美国国土的赞美，完全适用于中国，中国同样拥有广袤的、整块的肥田沃土。相较而言，中国的历史远比美国悠远，而近代以来在领土上遭受的屈辱远较美国为多。

杰伊对美国国土的赞美，完全适用于中国，中国同样拥有广袤的、整块的肥田沃土。相较而言，中国的历史远比美国悠远，而近代以来在领土上遭受的屈辱远较美国为多。

近代以来，人们对于领土的感受，颇为复杂。当香港在一百多年前脱离了中国主权控制后，香港从小小渔村变成了大大都市；当上海的部分地区被划定为租界后，租界里的商业和文化氛围要优于租界外，许多用脚投票的精英，也搬到租界居住，著文、经商、策划政治活动。但是，富裕或良制，应该成为一个国家的目标，贫穷和尚不健全的制度，却不能成为放弃或部分放弃领土的事由。这就像清末治外法权。治外法权相对于当时尚未改革的旧的立法体系和司法体制来说，无疑提供了较好的制度，但中国政府要做的，并不是将司法主权彻底拱手让人，而是提升自己的水准，争回主权。从沈家本等人主持修律，到民国时期中央政府的法权讨论委员会，都做了不可磨灭的提升本国立法与司法水准的工作。领土问题亦然。守土有责，捍卫领土是政府和公民共同的责任。有极端软弱者或基于利益心怀叵测的人在战争年代不敢、不愿守土；有些极端的个体主义者和部分极端的自由主义者，在和平年代对领土报的是一种无所谓的态度。这些皆不可取。

民国初建时，采用的是类似美国建国的先独立后联合的方式，这多少带来强地方弱中央的状况，也在一些地区生发了领土危机。可以说，民国政府遭遇的领土上的危机，一点不少于清末时期。特定阶段的执政者，就都运用智慧，展示勇气甚至傲气，在某一块领土上做了贡献。领土问题，是一项典型的前人栽树、后人乘凉的事业。即便是一个威权主义者，他对于领土的努力也不能说就是为了享受权力的快感，他也未必轻言放弃，他仍然有面向后世国人的责任感。与此同时，我们致敬捍卫领土的先贤，也不能遗忘以和平方式进行努力的人们。抗战前夕的胡适，就曾是主和派。但历史往往遗忘甚至嘲笑和议派，甚至描述为丑角，好像和议派必然胆小如鼠或收受了贿赂。

英年早逝的台湾大学社会学教授林端曾经给我讲过美国公民宗教的概况和信念。在我看来,公民宗教最重要的一点就是神圣感,这神圣感就是将几个宪法核心概念神圣化。领土、自由、对权力的约束、对本国文化传统的尊重,都应当是被神圣化的概念,都应当成为公民宗教的内容。而对领土的神圣化,意味着我们理当致敬曾经捍卫过领土的先贤们,所谓“古今名将尽为神”。我们应当将合乎宪法理念又极具神圣感的领土意识教育纳入公民教育之中,把领土与自由统一起来,而非使自由超越领土。在这里,对捍卫领土的先贤的致敬,应当超越“凌烟阁模式”,而采取“历代帝王庙模式”。“凌烟阁模式”,就是将国家纪念的范围圈定在对本朝建国、本朝守土有贡献的英雄上面;“历代帝王庙模式”,则是将视野放诸历代。当然不是只纪念所谓帝王,但是要对有领土贡献的人去除刻印在他们身上的偏见,避免清代领导人曾经讲过的“书生辈但知讥评往事,前代帝王虽无过失,亦必刻意指摘,论列短长,全无公是公非”的情形。

阅读王鸿祯先生主编的《中国古地理图集》和谭其骧先生主编的《中国历史地图集》,我们感慨万千。前者告诉我们,在亿万斯年里,中国现有领土上,大海变高山,高山变大海,都已几番轮回,“更千百岁,桑田沧海,恐北高峰头有螺蚌壳矣,安问树有无哉!”或许这样来看,我们现在对于国土和一切自由与幸福的执着,都会烟消云散。但是,这不能成为我们放弃热爱领土的事由,反而激励我们要珍惜目前的拥有,而且知道了这片国土曾经的波澜壮阔。看《历史地图集》就知道,历代的先贤,在这方面做了太多艰辛的努力。清代极盛时,版图达到约一千三百万平方公里,较明代时大，我们就不能仅因为清末的割地而忘了他们曾经是领土问题上的“存款人”。离我们较近的民国的不同阶段，领导人和守土者各自勤谨，为中国后来的版图再次打下基础。关于这一点，只要看历史地图，都能找到答案。他们的努力值得我们用教科书的方式铭记。

失去了领土的国民，就像《天龙八部》里边的慕容家族。无论谈优越性，还是谈自由、谈宪法权利、谈制度建设、谈改革，都成了虚拟的讨论。譬如，迁徙自由就是实实在在的建立在领土基础上的自由。事实上，不管是来自什么背景的读者，读到慕容家族的故事，都一方面感到他们的不易，另一方面却觉得有点可笑。

藏在衣服里的自由

总的来说，着装越来越自由了。衣服的胜利，就是自由的胜利。

在中国古典社会，衣服一向是重要的礼制。礼记说："立权度量，考文章，改正朔，易服色，殊徽号，异器械，别衣服，此其所得与民变革者也。"衣服是新政权的标志，是新政权"统一思想"和确立国家认同的手段。但反过来说，越到近代，人们越想，衣服为什么必须被规定为礼制？公民难道对自己的着装没有自由选择权？看得出来，从古典到现在，衣服里颇有权力与权利冲突、民族与民主对阵的诸多故事。

民国成立之后，衣服和装束不知不觉也就变了。可是衣服怎么变，朝哪个方向变？官方对衣服的态度是什么？其中分明有斗争，有辩论。

首先，新政权要不要易服，如何易服？新政府的答案就是要去满族化。为了去满族化，孙中山发出剪辫令，这成为服饰装束上最大的变化。此种变化，或可与清代建立之初强制留辫作对比，乃是对于国家政权变化的一项宣示。可是，强制剪辫，是不是有违自由理念呢？多少有一点。孙中山说："查通都大邑，剪辫者已多，至穷乡僻壤，留辫者尚不少，仰内务部通行各省都督，传谕

衣服是新政权的标志，是新政权“统一思想”和确立国家认同的手段。但反过来说，越到近代，人们越想，衣服为什么必须被规定为礼制？公民难道对自己的着装没有自由选择权？看得出来，从古典到现在，衣服里颇有权力与权利冲突、民族与民主对阵的诸多故事。

所属地方,一律知悉。凡未去剪者,于令到三日,限二十日一律剪除尽净,有不遵者违法论。”抛开临时政府其他的政令不说,仅以这条来看,颇有专制色彩。政府想要做到什么,就用法律规定什么,然后就说要“执法”。哈耶克在《到奴役之路》中对此有过评论,认为这不一定就是法治。有法可依、依法执行不一定就是法治,而可能是以法律为包裹的专制。

与此同时,剪发之后,中国人并未回到留辫子之前的束发状态。这又表明了华夏衣冠在自由选择面前的衰微。孔子曾说过,“非管仲,披发左衽也”。可见,不披发而束发,在孔子看来简直就是华夏文明的标志,捍卫束发竟然成了管仲的一大功劳。可是,束发有千年传统,到清代统一时也就基本消亡了——民国建元,剪发而没有束发。终结而没有回归。政府为什么不倡导束发?在我看来是没有勇气。如果说,刚才说的剪辫令,之所以敢于施行专制而无视公民的自由选择权,是在于对国家政权鼎革的宣示、对去满族化的宣示,那么,这个新政府无论如何是不敢再倡导束发。敢于以强制西方化的方式剪辫子,不敢再以强制的形式主张向明代回归——这表明,趋时而非复古,尊重公众的群体性意愿,又是政府小强制大顺从的底线。

其次,改变旧制之后,确立什么新服?民国成立,官方先确立了甲乙两套官方礼服,甲种是西方式的,面料是呢子。乙种将晚清官服进行了简约化处理,面料是丝绸。只有两种样式,唯独没有了传统的“华夏衣冠”。华夏衣冠再受挫折。除了宗教人士、戏曲表演里边还留存着一点传统,国人生活中早已逐步简约化和西方化了。

过了几年,北洋政府的礼制馆——中央级的礼制订立机构,又做起了确立新服制的工作。在礼制馆收集的一系列论文里，一篇文章分析了当时社会在衣服上的不同心理——泥古、忌清和趋时。泥古心理，就是想复古，这是一些知识分子的提议，表示要从衣服中找到中国的民族本源；趋时心理，也就是崇尚西服，表示与世界同步；避忌逊清心理，就是不想重拾满清服饰，表示与旧政权割裂。虽然作者的本意，是想在满族服饰的基础上创造新服，但他的分析里，无疑表明了几种观念，观念的背后是几种传统甚至几种力量的冲突，多少还有些不同意识形态相博弈的味道。

值得注意的是，这篇文章的作者也指出："西服紧束，有一种精悍振作之气象，人人皆高视阔步，雷厉而风发，各国因之以富以强，我国衣袖宽博，拖泥带水，有一种有一种萎靡不振之气。"衣服不仅与自由相关，还与富强相连，这虽然"有点扯"，却是自由选择时的社会心理。

礼制馆的另一篇名为"制定冠服议"的文章写道："民国缔造，十有余年，法令滋彰而礼仪未备。冠服之制，或偏或缺，或行或不行，法象品物，莫衷一是。旷放者忌其律已。"这段话很有趣，让我们想起礼部、刑部和大理寺的变迁。清末的刑部，到了民国演变为司法部；大理寺，演变为大理院和后来的最高法院；礼部却近乎消失，民国政府虽然设立了礼制馆，却只是个闲谈清议的机构。作为法律之外的对自由的限定，礼的强制力越来越小了，自由的范围有所拓宽。这篇文章里所讲的"旷放者"，就是热爱自由的人。热爱自由的人，不喜欢被新的冠服之类的礼制所约束，这就使得"法令滋彰而礼仪未备"。所以，这篇颇为保守的文章，却指出了衣服在现代社会的本质，就是"旷放"，就是自由。

看起来，关于衣服，理想的状态是这样的：第一，衣服（以及装束)属于自由选择的范畴。所谓的“国民常服”,就是国民平时所穿的衣服,应当尊重其本人意见。这是表达自由的衍生,也是人身自由的延伸。第二,古典的礼制、服制,包括所谓新朝建立则易服改制的古典制度,已然失去了生活的土壤,已然属于博物馆中的展品,但正因如此,我们理应在博物馆和博物馆式的活动中见到他们,从中寻找民族的服饰本源和生活方式本源。由此,我们对袁世凯曾经身穿古代朝服祭天的事情,倒不用那么嘲讽。第三,以衣服里的欧美风、满族风和华夏古风曾经的论争来看,结果无疑是欧美风赢了,而满族风次之。这是自由选择的结果,但不应该附着太多意识形态的内容。如果说,民国时期,对于衣服有过这种意识形态的附着,今天看来全无必要,难道其他方面的此类意识形态附着,就是必要的吗?

总的来说,着装越来越自由了。衣服的胜利,就是自由的胜利。

从“偏途”到现代公务员

以此来看，如何划定适度的官员规模，如何界定政府管理社会事务的范围，如何建立优良的公务员选拔和管理制度——民国开了头，中国还在探索并前行的路上。

当我们谈到中国古典社会的官员时，我们在谈论什么？

无疑，我们谈论的是科举制下的胜利者和到中央和各地赴任的那些读书人。也就是说，谈论一个县的官员，我们大抵只谈到这个县的县令，至于县中各种工作人员，如水浒传中的宋江一类官员，他们以何种资格而获得职位、平时的工作状态如何，人们了解得并不深入。

不怪人们了解得不深入，而怪这方面的系统叙述历来较少。譬如，我们知道白居易和苏东坡都曾任杭州的主要负责人，但两位诗人是怎么工作的，当时的杭州市政府是怎么具体运作的，工作人员的构成情况如何？正史和文集中记载极少。至于文艺戏剧作品中的衙役之类，他们当然构不成人们关注的主角。

这或许说明一个问题，我们更关注精英，更关注大传统层面的人事安排和制度建构，而较少关注细节，较少关注制度的具体运行。模模糊糊，强调大词，强调实体正义，强调官员的人品和正义感。

但是韦伯在《儒教与道教》这部宏观关注中国的作品中,已然提及这一问题。韦伯说:“地方官员虽然由中央政权任命,但是,正式的官员很少,结果是,他们不可能有本事管理好庞大的疆域。”一位中央派下来的官员“到一个完全陌生的省份任职,他通常听不懂当地的方言,下车伊始全靠翻译通话……他完全依赖于某个非官方的谋士的指教”。“结果必然是,实权落在那些非正式的本地出生的胥吏手中,正式官员根本无力监督、修正这些胥吏的工作,官衔越高,越力不从心”。尽管韦伯对于中国地方政府运行的细节不够熟悉,但是问题意识决定了他能够关注到这一类的问题。基本上,我们能判定韦伯的讨论是准确的。

瞿同祖先生的《清代地方政府》则是一本全面回应非正式官吏问题的著作。瞿同祖先生细致地探讨了州县官的四个辅助集团——书吏、衙役、长随和幕友的职能、录用、待遇、贪腐状况和纪律处分。例如,谈到书吏时,瞿同祖的话印证了韦伯的话:“州县官,作为一个外来人,并不熟悉地方情况和地方问题,甚至连方言都听不懂。这就解释了为什么州县官们易于受书吏蒙骗。”“不断更替且缺乏经验的州县官们‘领导’着一帮久据其职、久操其事且老于世故的当地书吏。”瞿同祖关心这个问题,来自其社会学家的问题意识,也来自其本人清末中央政要的家庭背景。他从各种清代笔记中爬梳出非正式官员的运作状况,使我们看到真实的官场现形记。

瞿同祖引用侯方域——也就是昆曲《桃花扇》里那位风流倜傥的男主角的记载,认为一个县的书吏数量可能达到了 1000 名左右。1000 名,这是一个何其庞大的数字!这个群体竟然被长期以来的正式制度忽略了。

大约清代嘉庆年间成书的一本小册子《偏途论》算是较为罕见的一本“专著”，粗略地讨论了这个非正式官吏群体在职业生涯中的注意事项。既然叫“偏途”，这名称就很心酸，该书序言指出，作为非正式官吏的“长随”群体不在三百六十行内，故曰偏途，偏途的意思，就是并非正路。《偏途论》的作者把长随按能力和品格做了简单分类，但不管是哪一等哪一类，都是要么“运蹇之际，一时难以高发，只得奔走他乡，谋当长随”，要么“命运乖张，日渐萧条，无可位置，只得觅做长随”，或者是产倾家尽一类。看起来，不论是“长随”还是书吏，人们走入这个职业时，都带有走投无路、心有不甘之感。这就表明，这个群体既缺乏社会认同度，又没有固定的制度化职业保障。作为公共服务提供者的政府，如果其工作中的主体就是这样一群人，政府的效能可想而知。我们不妨设想，当英国早期占领香港时，派来的白人管理者有限，便只能依靠当地人来参与管理，这种情形，其实与韦伯和瞿同祖所讨论的州县官到地方任职时的情形有些仿佛。假如150年前的英国人也像晚清政府这样以非正式的制度雇佣和管理非正式官吏，香港恐怕很难在那么短的时间里腾飞。

这里，我们就不能不肯定民国初年对现代公务员制度的努力了。

1912年2月22日，孙中山指示南京临时政府法制局迅速编纂文官试验章程，说：“查国家建官分职，惟任贤选能，乃懋厥职，古今中外，罔越斯旨。第考选之法，各有不同，尚公去私，庶无情弊。今当民国建立伊始，计非参酌中外，询事考言，不足以网罗天下英才而裨治理。”我们当然不是说，这就是现代文官制度的开端。早在此前十年的清末新政之时,清政府已开始以现代大学制度培育不同专业的人才,南洋公学的特班,强调“器识以正谊明道为宗,志趣以遗大投艰为事,经济以匡时济物为怀,文章以切理餍心为贵”。这里虽然有许多大词,但毕竟不是参加科举取士,毕业生不可能一飞冲天地进入州县官阶层,所以,这里的培养目标,实际上就是高级的现代公务员。而孙中山在民国初年的宣告,则是在制度上逐步向现代公务员制度靠拢。现代公务员制度,就是以规范的制度和训练有素的专业人士,替代了旧的边缘性“偏途”。

历史总是呈现神奇的悖论。晚清之前的整个古典社会,中国的状况是正式官员太少,大量郁郁不得志而又构成官吏主体的“偏途”人士又陷于非正式制度之中,整个行政体系未能理顺。到了 20 世纪,尤其是后半叶,出现的情况是正式官员又太多。以此来看,如何划定适度的官员规模,如何界定政府管理社会事务的范围,如何建立优良的公务员选拔和管理制度——民国开了头,中国还在探索并前行的路上。

北　洋

宋教仁与民初宪政

唯独宋教仁的遇刺，我以为才是最震撼、最影响中国走向的一次暗杀，几乎可以和林肯的遇刺相比。

1913 年 3 月 22 日，年仅 31 岁的青年政治家宋教仁遇刺于上海。尽管暗杀为清末民初的常事，摄政王遇刺，考察宪政大臣遇刺，宗社党领袖遇刺，上海都督遇刺……但是，唯独宋教仁的遇刺，我以为才是最震撼、最影响中国走向的一次暗杀，几乎可以和林肯的遇刺相比。

之所以说宋教仁的遇刺最震撼、最影响中国走向，在于两点：一者，假如宋教仁不死，袁世凯集团和孙中山集团的矛盾不会那样激化，终使良好和平的宪法框架下的政治竞争陷于崩盘；二者，以宋教仁的才华和影响力，假如不死，应该能在中国政治生活中发挥极大影响力。20 世纪上半段，较为接近总统职位的人里，胡适和宋教仁是最有宪政气质的人。胡适后来曾经是总统人选，但是胡适"毕竟是书生"，而宋教仁则是有能力有号召力的职业政治家。宋遇害时不过三十出头，假以十年获得总统机会，不过四十岁，那样，宋教仁将成为 20 世纪上半个世纪唯一一个身兼政治家和政治学家的人。宋教仁的理想是务实型的宪政，而他如果有机

唯独宋教仁的遇刺，我以为才是最震撼、最影响中国走向的一次暗杀，几乎可以和林肯的遇刺相比。

会当选,必将戮力于此。可惜的是,宋并非弄刀剑者,却死于刀剑之下。见得圣经所言并不确切。圣经说,弄刀者刀下死,弄剑者剑下亡。贺卫方曾引过一句法谚,道是“枪炮作响法无声”,此亦宋教仁之死之谓也。

宋教仁之死最悲哀的地方,在于揭示了两大悖论:一是温和者被暴力干掉,二是宪法呆子为宪法而死。

在当时袁世凯、黎元洪、孙中山、黄兴、段祺瑞、唐继尧、梁启超等影响力较大的中央以及地方政治、军政人物里边,宋教仁大约是最温和最主张妥协的一个。

宋教仁一方面在同盟会—国民党里边讲他的温和道理,从而超越躁动派和强悍派,使同盟会—国民党以协商合作姿态与执政方袁世凯集团共谋政事,另一方面与袁世凯集团进行较多的沟通并作适度较劲,可谓长袖善舞,左右逢源。假如说宪政的精髓之一是妥协,宋教仁就是妥协的化身。可是,讲妥协的被干掉,讲斗争、讲战争的人由此获得了不讲妥协的理由,中国政治也就走向了激烈争斗的快车道;讲温和的人被干掉,走极端的人在获得市场的同时,也把人们拖进了战争的大湖大泽。据说袁世凯听闻宋教仁被刺,便大吃一惊,连说这怎么好。的确,失去了温和的沟通者,老政治家袁世凯或许能猜到即将到来的会是什么。果然,在宋教仁自己的阵营里,“法律反袁”的呼声迅速被“武力反袁”的呼声与行动压倒了。

还是在与上述人的对比里,宋教仁是程度最深的“宪法呆子”。

就与宪法的亲近程度来说,袁世凯、孙中山、梁启超程度都很深。袁世凯是清末预备立宪的重要推动者,也是地方自治和现代公民教育体系的功臣。在清末,此公以厉行新政著称,尽管后来有人批评他不懂宪法,却不能抹杀他此前的功绩。如果我们看张一麐——他曾经是袁世凯政府的秘书长的回忆录,就会发现袁世凯推动清末立宪并为宪政正名的正本清源之功。几年前的电影《十月围城》,就是一部对袁世凯等人的宪政努力完全不尊重的一部立意不甚高明的电影。孙中山不仅是革命家,也是自视甚高且取得了不俗成绩的民主理论家和宣讲家,从他一定要另辟蹊径地创立五权宪法的行为中,看得出来,他有理论追求,有在这方面载入史册的雄心。梁启超是 20 世纪的立宪先知,尽管他与乃师早年在维新运动即将失败时有过"围园劫后"这样的暴动创意,但流亡之后,却偏温和地致力于立宪和开明专制的宣传鼓动。民国成立之后,梁启超与袁世凯积极携手,以进步党领袖之姿迅速活跃于政坛,大有挫败孙、黄的政治劲头,也使得袁世凯增加了在宪政框架下和平竞争的信心和决心。

但,袁、孙、梁的宪法热情,还是比不上宋。我们看得到,尽管都致敬宪法,袁世凯却更恃重枪杆子,军队和警察是他掌控局面的利器;孙中山更恃重革命与暴动,以致被曾经惺惺相惜的威权主义者袁世凯斥为"捣乱";梁启超虽有政治学根基不浅的张君劢等相助,本人却不是严格意义上的宪法学人。宋则可谓对宪法和宪政"情不知所以,一往而深",从民国建国前夜,到后来两年的政治实践,无不把理念与行动的宪法化当成看家本领,身边也围绕了一群法政同志。套用红楼梦里石呆子的说法,宋教仁可称为宪法呆子,但他不是书呆子,只是痴迷于其政治信念。可惜的是,可能这恰恰是他的死因之一。而他的死或许也像早年谭嗣同说的那样,或许告诉了一些较为急躁的人们——此路不通。何其可哀。

可是如果我们回到历史现场,如果我们是宋教仁,我们该怎么做呢?如何将自己的信念转化为好的现实,并一展抱负?又如何最低程度地避免自己被害?似乎我们想不出办法来。这就好像时光车能退回到从前,却不能改变历史轨迹。或许我们只能告诉宋教仁别走那条路,别上那个月台。这样的建议,只能具体改变小环节,却改不了大气候。

归根结底,当宋教仁死后,那些同时代与近时代的人们做了方向性的误读,致使枪炮作响,这就构成了长时间的大气候。

要"限权",还是"威权":谈袁世凯称帝

这就是,袁世凯在称帝之时,权力实在太大了,这就无法实现他本人对于君主立宪的承诺。我们观察一个政体,其发言人、代言人、辩护人说什么并不重要,重要的是看其实存的格局和实际状况。

曾有学人指出,中国最适宜建成君主立宪的时代,乃是汉末曹操秉政时代。这倒不是开历史的玩笑。当时,曹操掌军政大权于一身,并受封为魏王。魏王何意?我们知道,当时汉献帝政权的中心区域,就是当年战国时期魏国的领土,称曹操为魏王,无疑彰显他在这个中心区域接近于至高无上的地位。学人指出,如果曹丕没有篡汉,则魏王世家可以凭借其世袭的行政权力,形成像日本幕府那样的稳定机构。当此时也,如果实行君主立宪,则汉朝皇帝为虚位君主,魏氏政府为行政当局,从权力格局来说,具备君主立宪的基础。但是,恰好是曹丕篡位,改变了皇帝的虚位状态。曹操受封魏王之前,先受封魏公。关于其魏公之封,其同事荀彧有过最强烈的反对,或许在荀彧看来,称为魏公,也就向夺取皇帝权力大进一步了。荀彧的忧叹,可以说具有一种宪政的味道。

我以为,以此种视角来看袁世凯称帝,也能发现其称帝之最大的问题。这也是我近日的思考所得。这就是,袁世凯在称帝之时,权力实在太大了,这就无法实现他本人对于君主立宪的承诺。

当袁世凯称帝时,其帝制的基本设计,乃是君主立宪制,两位主要的理论权威,一是美国学者古德诺,二是中国学者杨度。

古德诺认为,一个国家实行君主或共和制,往往不是人力决定,而取决于历史习惯和社会经济的影响。选择了不合适的制度,虽然短期安定,而不久必被其他的制度取代。因此,一国选用君主制还是共和制,往往出于事实上不得不如此。就二者进行对比,则君主制在稳定地进行政权转移上优势较大。英国谚语说,国王已死,国王万岁,正在于君主制不存在选拔接班人的难题。古德诺极为注重提升民智,他以为这是法美成功和南美中美失败的根本原因。南美中美"以共和为政治之极轨",但教育未遍,民智未开,故共和并不成功。而中国的情形,则是数千年以来,民众缺乏研究政治之能力。四年以前,由专制一变而为共和,这种过于剧烈的举动,难以期望有良好结果。如果满清不是人民早想推翻的异族君主,那么当时最好的做法,莫如保存君位,而渐引过渡到立宪政治。

在古德诺影影绰绰地支持袁世凯的同时,杨度旗帜鲜明地力挺袁世凯称帝并实行君主立宪,杨度论证,实行君主制方能实现立宪。君主立宪制以君主为国本,举国上下,一定思考最完善的治国办法,在这种情形下,除了立宪,别无他术。君主为子孙万年之计,一定寻求最稳妥稳定的治理,如果在用人与治理上,奉行独裁,那么将陷皇室于危险之中。欲求上安皇室、下慰民情之计,皆必以宪政为归。古德诺的论证富于国际视野,且强调公民教育的重要性;杨度的论证则更多指向中国现实,且呈现基本的法治理念。如此来看,袁世凯帝制的基本理论,并不是魔鬼理论。

但是,袁世凯如果称帝,能不能达到古德诺、杨度所讲的这种理想状态呢?我以为很难,或者说几乎不可能。袁世凯的权力谱系,来自曾国藩时代清朝中央政府对曾国藩的军政授权。1907年,时任外务部员外郎的辜汤生在一份奏折中对这种朝廷重臣的权力进行了分析:在太平天国战争中,中央政府对曾国藩进行了大量授权,做到了可以"便宜从事",由此形成了"内轻外重"的格局。也就是说,朝廷、帝、后权力小,而重臣权力大。在他看来,到李鸿章出任北洋大臣之时,"北洋派权势愈重,几与日本幕府专政时期不相上下。"而袁世凯正是承继了北洋系的大权。由此我们可以发现,曹操—日本幕府—袁世凯和他们与当时的君主之间,有一种辜汤生所讲的"内轻外重"、君轻相重的权力结构。这是一种最适宜实现对君主权的节制的模式。尽管明治天皇摆脱了幕府的制约,但是旧的权力结构使得在日本实行君主立宪,明显更有土壤。而曹丕的称帝和袁世凯的称帝,恰好使权力制约的相互关系发生了倒置,最有条件制约君主的人,自己成了君主,这个君主必然带有先天的威权属性,不论权臣或宪法,都很难对其制衡。

袁世凯的这节往事给我们的启示是:(1)我们观察一个政体,其发言人、代言人、辩护人说什么并不重要,重要的是看其实存的格局和实际状况。正如汉密尔顿在《联邦论》里所分析的那样,我们往往不能确定,那些声称坚持真理的人是不是会比其对手更纯洁,野心、贪婪、仇怨,在对立双方都会有所表现。由此,古德诺和杨度的论证尽管极有道理,极富学理,但当他们将此理论用在错误的权力格局时,带来的就可能是南辕北辙的效果。(2)对于权力的制约,可能是政治学—宪法学—政治社会学里边最重要的议题。如果一个政治力量最有能力去制约其他力量,那么对其最好的设定,乃是做一个制衡者,而不是独揽大权。或者说,让他去做一个宪法和规则的捍卫者,做制度的设计者和制度的保姆。

可惜的是,曹丕和袁世凯都没有成为宪法或准宪法的卫士,没有成为限权的先锋,反而走到反面。事实上,限权不振而威权通行,这也是中国历史上常见的可叹之事。马克思在《路易·波拿巴的雾月十八日》——一篇精彩但仍值得商榷的长文开篇指出:“一切已死的先辈们的传统,像梦魇一样纠缠着活人的头脑。当人们好像刚好在忙于改造自己和周围的事物并创造前所未闻的事物时,恰好在这种革命危机时代,他们战战兢兢地请出亡灵来为他们效劳,借用它们的名字、战斗口号和衣服,以便穿着这种久受崇敬的服装,用这种借来的语言,演出世界历史的新的一幕。”曹丕和袁世凯都穿上了马克思而不是安徒生所讲的皇帝的新衣,在“限权”或是“威权”的天平上,倒向了威权一边。

中国是不是有一个不太接受限权理论的传统,这的确是一个值得思考的问题。

从袁世凯看威权主义

回顾威权主义者袁世凯的历史，我们看到，他在直隶总督任上的地方自治举措，开立宪风气之先；对于清末立宪的建言，值得立宪史书写；担任总统后的威权主义误区，值得后人反思。威权主义试图以压制求得秩序，不能称之为稳健。

1912 年 2 月 14 日，南京参议院致电新当选的临时大总统袁世凯："本日开临时大总统选举会，满场一致选先生为中华民国临时大总统。查世界历史，选举大总统，满场一致者，只华盛顿一人。公为再见。同人深幸公为世界之第二华盛顿，我中华民国之第一华盛顿。统一之伟业，共和之幸福，实基此日。务请得电后，即日驾莅南京参议院受职。"以国家立法机构的名义，将"世界之第二华盛顿""中华民国之第一华盛顿"的荣誉送给袁世凯，可见袁当时的声望之高，权势之重，承载希望之深。

的确，在 20 世纪刚刚到来时，袁世凯即以改革著称。1903 年，在接受《纽约时报》记者采访时，袁世凯坦承：改革"是一件说起来容易做起来非常难的事情。因为它牵涉到要彻底改变甚至推翻现行体制的某些方面。而这个体制已经存在了许多个世纪，诸多因素盘根错节地紧紧交织在一起。就民意支持的状况而论，我感到可以肯定的是，如果给我们时间再加上机遇，我们无论如何都能够实现改革的大部分目标”。看起来，袁世凯的政治经验已经告诉他，改革不易，但他懂得改革的方向。这个方向最重要的就是立宪，想当年，“袁陛见入都，两宫问袁抑制革命风潮之策，袁乃称各国宪政之善，当此时会，不行宪政不能免革命风潮。”袁世凯主张清末立宪以三年为期，且因其对于立宪主张过于殷切，而遭到许多弹劾。正如当时的日本记者佐藤铁治郎所评论的那样，“袁世凯处支那专制政体之下，身为大臣，充最重要之机关，握种种之大权，而又系出汉人，竟不畏满汉之嫌，及其他各种之障害，一意为国家谋生存，为人民增幸福。首倡立宪，以一身为怨府。”

当清末立宪的重要倡导者来到民国当了总统，并被中央议会组织送称号“世界第二之华盛顿”，又当如何？我们看到，袁世凯面临的核心问题，是秩序问题。

在清末倡导立宪，要处理的是与满清守旧集团之间的矛盾。但不论是立宪派还是守旧集团，面对革命党的时候，都谈不上太多的怀柔，更不会用宪法斗争的思维来处理问题。立宪派的意思，是由清政府来主导立宪。革命党的意思，推翻清政府，由革命党来主导立宪。这都是毫不含糊的。正因为这种不含糊，在清末之时，尽管袁世凯倡导立宪，但其实没有在宪法框架下和平地进行政治竞争的机会。民国成立，有了这个机会，局势却很复杂。除了内政上的财政艰窘和外交上的列邦不予承认之外，急进主义者们从言论到行动的屡屡出位，都让袁世凯感到秩序危机。为了维持秩序，袁世凯走上了威权主义加保守主义的道路。似乎可以说，袁世凯在宪法环境真正来临的时候，其对宪法的热爱也太形象地注释了“叶公好龙”这个词汇。

为了应对自由风气对社会秩序的冲击,袁世凯向儒家寻求理论支持。“中国数千年来,立国根本在于道德,凡国家政治,家庭纲纪,社会风俗,无一非先圣学说,发皇流衍,是以国有治乱,运有隆污。惟此孔子之道,亘古常新,与天无极……国纪民彝,赖以不坠。”在袁世凯看来,新政权不能简单地以自由平等的名义抛弃老传统,“近自国体改革,缔造共和,或谓孔学言制,大一统,而辨等威,疑其说与今之平等不合,浅妄者流,至悍然倡为废祭之说。此不独无以识孔学之精微,即于平等自由之真相亦未有当也。”1913 年制宪甫开,当陈焕章等请求国会奉孔教为国教并写入宪法时,袁世凯的宪法顾问有贺长雄对儒家的支持,多少也代表了袁世凯本人的看法。强调孔学与现代自由平等理念并行不悖,这当然不是背离自由平等理念之事,乃是捍卫传统,我们必须肯定之。但是,需要我们解读的是,袁世凯之呼唤儒家,是由于受困于挟自由之威的急进主义者们带来的失序。在理论上,袁世凯呼唤儒家,在行动上,就呈现为典型的威权主义做法。

在“二次革命”中,“袁总统令传语国民党人”:“现在看透孙、黄,除捣乱外别无本事。左是捣乱,右是捣乱,我受四万万人民付托之重,不能以四万万人之财产生命听任捣乱,自信政治、军事经验,外交信用,不下于人。若彼等能力能代我,我亦未尝不愿,然今日诚未敢多让,彼等若另行组织政府,我即举兵伐之。”以“捣乱”称呼孙中山和黄兴,表明袁世凯心中愤慨至极,并要以通俗语言求得国中民众的支持。宋教仁才死,中国就陷入这样的威权主义和急进主义的尖锐对立,何其无奈,又何其不幸。

军事战争结束后,袁世凯逐步向国民党下手,以军警为执行者,处决国民党内通独立省的议员,并进而搜查国民党本部,软禁代理理事长吴景濂。同日,军警搜查国民党议员证书、徽章。“翌日见报,追缴证书者三百五十余人,系按照国民党最近名册办事,故无一漏网者。而袁党犹不甘心,翌日又陆续追缴两院同事过去曾挂国民党籍者八十余人。”此后,各省议会不惟解散,国民党议员亦多受残害。

假使急进主义者的“二次革命”之“捣乱”,并不值得认同,是否袁世凯就应该操秉总统权而悍然向国会下手?真的,为了捍卫秩序,袁世凯已经与他在清末孜孜以求的立宪越行越远。如果秩序成为了解散国民党和议会的理由,则此背离宪法和自由的秩序,已经异化为威权主义的高压状态。

在袁世凯行威权主义的过程中,他又与保守主义亦步亦趋,并合流为君宪的呼声。

一方面,袁世凯本人是威权主义的承载者,当皇帝是想建立更加强悍和久远的权威,另一方面,又要以宪法约束这个威权主义者。我们不能不说,这种威权主义下的君宪,已经具有内在的根本不可能融合的分裂性。我们只需看到,袁世凯称帝的过程,是以半强制和半欺瞒的手段推进,就能知道,威权主义与保守主义以秩序为名的嫁接,就不见得有多少宪政的诚意可言。

袁世凯的策士杨度在20世纪20年代追思往事,犹认定他推动的袁世凯帝制运动是合理的:“中央军阀变为君主,以息军阀争君之祸,以君主仆共和,其名甚恶。为君主者非以立宪与民交换不可,则成君主立宪,其不善者共和改为君主,元首世及而不选举,其善者立宪必成,君主不能为善恶,不过一固定机关可以息争,无所谓君臣大我也。人类之第二新世界立,永无军阀土匪之祸,不及十年二十年,可与欧美、日本抗衡矣。”杨度的立论,依然建立在抽象的立宪止战、君主息争的基础上。他这种回避威权主义的说法,难以认定其为真正的立宪智慧。

回顾威权主义者袁世凯的历史,我们看到,他在直隶总督任上的地方自治举措,开立宪风气之先;对于清末立宪的建言,值得立宪史书写;担任总统后的威权主义误区,值得后人反思。威权主义试图以压制求得秩序,不能称之为稳健。

但我们也必须理解,面对有立宪倾向的威权主义者的做法,不应当是以自由的名义刀兵相见,挑战秩序。某种程度上,给有立宪倾向的威权主义者一定的改革空间,与之展开宪法框架下的竞争,方是共同创造良好环境的稳健之道。

中国首个国会的诞生

1913 年 4 月 8 日，第一届国会在一派貌似和谐的气氛中开幕了。按照三日后筹备国会事务局的报道，当日典礼盛大，其乐融融。

临时政府久已期待国会的诞生。1912 年 5 月 13 日，国务总理唐绍仪与包括宋教仁在内的诸内阁成员出席参议院会议并发表政见，唐绍仪说："绍仪等所尤切望者，共和精神，端在国会，国会不开，基址不固。深愿贵院将国会组织法及选举法从速议定，使国会得以早日观成，我五大民族之幸福，实攸赖焉。"[1]7 月 3 日，临时大总统袁世凯派员催请参议院提前议决国会之组织法及选举法。从会议记录来看，袁世凯希望 7 月 10 日即可议决。[2] 共和建设讨论会领袖、副议长汤化龙积极响应："今日即可变更议事日程。"[3]统一共和党领袖吴景濂表示："大总统期望国会早日成立之心甚切，所以有此咨文，然今日已是初三，离初十只有四天，

① 《唐总理之政见》，载《参议院议事录》，1912 年 5 月 13 日议事记录。

② 《参议院议事录》，1912 年 7 月 3 日议事记录。

③ 《参议院第三十一次会议速记录》，载《参议院会议速记录》，第二十一次之四十次。

议事为时甚迫。”[①]统一共和党领袖、全院委员长谷钟秀则表示:“话说出来是好听,只要初十能公布,本员亦极赞成。但纵能专议此案而不议及其他,亦恐来不及。”[②]可见,从内阁到临时大总统,始终在催促国会能早日产生。而负责制定国会组织法的参议院一面积极工作,另一面内部亦有分歧。袁世凯等人的催促,非无道理,按照《临时约法》,国会应当在临时约法颁布后十个月内召集。[③] 这一规定,时间偏紧,毕竟十个月内要完成临时政府北迁、国会组织法及选举法议定、各地完成选举,实非易事。但是既然约法已有规定,当然需要执行,袁世凯、唐绍仪等的催促,亦属合理。对袁世凯来说,俟国会开幕而去掉“临时”的帽子,其心理亦可理解。一番催促之后,8 月 10 日,《国会组织法》和《众议院议员选举法》《参议院议员选举法》均予颁布。1913 年 1 月 10 日,在《临时约法》确定的十月之期届满之时,袁世凯发出《国会召集令》,表示:“共和政治之良否,政府固有完全之责任,而尤以正式国会为筦枢。”[④]

各地经历了一番失序的选举过程后,终于选出参议院和众议

---

① 《参议院第三十一次会议速记录》,载《参议院会议速记录》,第二十一次之四十次。

② 《参议院第三十一次会议速记录》,载《参议院会议速记录》,第二十一次之四十次。

③ 《临时约法》第 53 条:“本约法施行后,限十个月内由临时大总统召集国会。其国会之组织及选举法,由参议院定之。”

④ 《袁世凯国会召集令》,载朱宗震、杨光辉:《民初政争与二次革命》(中华民国史料丛稿),上海人民出版社 1983 年版,第 224 页。

院两院议员。[①] 1913年4月8日,第一届国会在一派貌似和谐的气氛中开幕了。按照三日后筹备国会事务局的报道,当日典礼盛大,其乐融融:[②]是日,巴西承认民国政府,[③]美国亦承诺本日承认民国政府,并在二十多日议长选出后承认。[④] 可见,国会的开幕,在民国来讲实有重大意义,真正意义上的国家交往由国会开幕和

---

① 李新、李宗一主编:《中华民国史·第二编·北洋政府统治时期》第1卷上,中华书局1987年版,第177~187页。张玉法:《民国初年的政党》及张永:《民国初年的进步党与议会政党政治》二著作对此亦有详细叙述。应该说,作为民初的第一次国会选举来说,选举出现失范,实有其必然性。民主追求和平与平和,但实现民主的过程很难做到恒有秩序。

② "至八日晨,风和日暖,北京遍悬国旗。领有参观券之中外男女来宾,车马填溢,赴院观礼,络绎不绝。参议众议两院议员自九时起先后在筹备参议院事务处、筹备众议院事务处所设注到室分别注到,领受议员徽章。至十一时,参议院议员有一百七十九人,众议院议员有五百零三人。到院参观来宾,外宾男女二百余人。我国民男女人士将近千人。振铃开会,议员、大总统特派员、国务员、筹备国会事务局人员齐入礼场。……十二时散会……连衔塞巷,观者如堵,诚空前之大典,极富之隆仪也。"《筹备国会事务局筹备中华民国第一次国会开会礼成报告书》,载《政府公报》1913年4月11日,第333号。

③ 《国务院来咨为咨复事奉大总统发下》:"此次首先承认者确系巴西,并非美国。"载《参议院决事录汇编》(第1册),1913年12月。吴景濂回忆称:"四月八日,为巴西首先承认中华民国之日。"此回忆为正确。吴景濂:《吴景濂自述年谱》(上),载《近代史资料》第106号,第20页,北京,中国社会科学出版社,2003。

④ 《国务院来咨为咨复事奉大总统发下》:"即以美国而论,承认民国本拟于四月八日国会开幕之期实行,嗣因两院议长未能举定,美国遂稍为观望。虽经本部屡次催商,而美国政府总谓需俟议长举定后始能正式承认。此系美国迟至二十余日后承认之原因。"载《参议院决事录汇编》(第1册),1913年12月。

别国承认而开始了。谷钟秀称之为“国本屹立不可动。”①

经过长达二十多天的博弈,原参议院副院长汤化龙击败吴景濂,当选为国会众议院议长。虽众议院议长失利,但国民党在国会两院占有较大优势。选出的议员,不仅在国民党控制的广东、江西、安徽和湖南占尽优势,参议院议员全为国民党,众议院议员占83%以上,即便在共和党控制或势力相当的湖北、江苏、河南、直隶、山东、四川,也基本上做到平分秋色。②

国会在喜气洋洋中开幕。这一时期的国会看起来机构比参议院时期复杂亦科学,议员人数众多,国民党亦占优势,这对于国民党议员来说本属良好时机。但实际情况却未能如意。这不是国会本身的问题,而是政治力量在国会成立时发生了变化,政治力量变化的一大动因便是先于国会开幕的3月20日发生的宋教仁案。4月7日,记者黄远庸记录当时的情形:“自宋遯初逝世后,北京政界表面似平静如常,而暗幕中之千变万化,有如愁云黑雾垒叠而来,比来大有天黑如盘,伸手不能见掌之状。其或雷雨骤发,扫荡一切乎?或长此沉沉不见天日乎?或更有意外之变化

① “举国喁喁望风之第一次国会出现,是日适阿美利加合众国承认民国之国书至,是为列强承认民国之始。说者谓民国之基础,固奠于国会之成立,亦自有美国之开始承认民国,国本乃屹立不可动。”这里谷钟秀写错了美国承认的时间。见谷钟秀:《中华民国开国史》,上海泰东图书局1914年版,第115页。不过,参议院议员1913年致政府建议案也记错了时间,“国会第一次开会之翌日,美国使者即递国书承认民国。”见《美国承认民国应先派专使赴美答谢建议案》,可见在当时这是个较普遍的认识错误。载《参议院决事录汇编》(第1册),1913年12月。

② 李新、李宗一主编:《中华民国史·第二编北洋政府统治时期·第1卷(1912—1916)上》,中华书局1987年版,第187页。

1913年4月8日，第一届国会在一派貌似和谐的气氛中开幕了。按照三日后筹备国会事务局的报道，当日典礼盛大，其乐融融。

乎?殆非吾人神智所能预测已!"[①]

1913年5月29日,亲袁的进步党由统一、共和、民主三党合并成立。梁启超6月18日阐发的该党大政方针明白不过地表明了该党对于袁世凯的实际支持:(1)推举袁世凯为正式总统之候补者,"现在最重要之问题,第一为总统问题,本党为维持国家起见,认为非有支撑全局之才,不可以为第一任之正式总统。"[②](2)现内阁有改组之必要。政府"若不改组,必令袁总统之信仰日渐"。[③](3)对于改组政府之态度,愿由进步党组成政党内阁,"本党既为政党之一,当有掌握政权之雄心。并以为非本党掌握政权,不足以产生强善政府。"[④](4)先订宪法后举总统。(5)宋案以法律解决。(6)借款须严督用途。"梁任公演说毕,由汤化龙先生主席付之表决,全体起立,作为党义。"[⑤]此后,果然如梁启超之所言,熊希龄领衔产生了新的进步党内阁,梁启超本人也"非国务大臣不做"地担任了司法总长。[⑥]政治格局形成了国民党为占多数的议会与进步党内阁的政党对峙,这对国民党的"政党内阁"目标的确是一次实际打击。国民党之法律派此时不能不做的事情是:"既欲破进步党与袁氏之连合,以孤袁氏之势;又欲破梁氏与进步

---

① 黄远庸:《闷葫芦之政局》,载《黄远生遗著》(卷二),台北华文书局1969年版,第84页。

② 《进步党之大政方针》,载《时报》1913年6月19日。

③ 载《参议院会议速记录》第二十一之第四十次。

④ 同上。

⑤ 载《参议院会议速记录》第二十一之第四十次。

⑥ 张朋园:《梁启超与民国政治》,吉林出版集团有限公司2007年版,第106页。

党之连合,以孤进步党之势。此亦党界潮流之绝大变迁也。”[①]

袁世凯与宋案后以宋案和大借款案为由推动武力解决的南方国民党的战争,反映到国会上,便是袁世凯与国会内国民党的分歧也就逐步扩大。国会甫开,5 月 3 日召开众议院第一次常会,谷钟秀便咄咄提出对于大借款的质疑,[②]谷钟秀、张耀曾、李肇甫等依据约法严词质问政府何以未经国会讨论即在借款上签字,借款当属无效,[③]并发出通电声明。[④] 另有部分国民党议员“挥拳舞掌”,[⑤]尽管李肇甫的举动已被当时的媒体批评为“素号稳健,其激烈竟至如斯”,[⑥]但这是仍然在《临时约法》的语境中,在国会权限内为之。当“二次革命”赣宁事发,国民党议员出现分化,参议院议长张继等部分国民党议员南下反袁,谷钟秀等相对务实的国民党议员仍在国会权限内与袁争,但对二次革命并不认同。谷钟秀一年后指出:“自武昌起义以来,秩序迄未恢复。虽幸民国告成,而四民失业,满目疮痍,群救死而恐不赡,何暇问政府之善恶?人心厌乱之程度,达于极点,故一闻‘二次革命’之声,无不掩目而走,宜乎弄兵十数万蔓延六七省而俄顷土崩瓦解,视辛亥革命则适得其反也。”而国民党内激进派对国会议员们的努力,基本上不认同。如陈其美指出:“在中山先生则以为国会乃口舌之争,法律

---

① 黄远庸:《最近之大势》(1913 年 5 月 27 日),载《黄远生遗著》(卷二),台北华文书局 1969 年版,第 103 页。

② 《众议院大事记》,载《论衡》1913 年第 1 期。

③ 韩玉辰:“民初国会生活散记”,载《文史资料选辑》(第 53 辑),北京文史资料出版社 1964 年版,第 233 页。

④ 《国民党议员通电》(1913 年 5 月 5 日),载《民立报》,1913 年 5 月 7 日。

⑤ 《众议院大事记》,载《论衡》1913 年第 1 期。

⑥ 同上。

无抵抗之力,各省都督又多仰袁鼻息,莫敢坚持,均不足以戢予智自雄,拥兵自卫之野心家,欲求解决之方,惟有诉诸武力而已。"① 与此同时,留在议会内的国民党议员意见亦不统一。但是,态度激烈的国民党议员之主张,显然会被袁世凯视为代表国民党。国民党议员在议会最激烈的做法之一,是议员韩玉辰提出了袁世凯退位的建议案。② 联署本案者四十余人,而为议长王家襄最终搁置。③ 由赣宁之役,袁世凯和国民党议员们的隔阂越发巨大了。按照徐世昌的说法,在此过程中,张耀曾、谷钟秀被袁世凯看成了国民党的代表,认为他们"事事挟持政府"。④

看起来,如前所述。宋教仁遇刺,成为一个宪政死亡或遭遇重大挫折的某种隐喻。宋教仁死了,短暂的宪政黄金时代结束了。

---

① 《陈其美致黄兴书》(1915 年春),载《民初政争与二次革命》(中华民国史料从稿,第 838 页),上海人民出版社 1983 年版。

② "自战事起后,有两种最张皇之建议案,(一)进步党提出之征讨案,(一)国党韩玉辰提出之请袁世凯退位案。"黄远庸:《最近之北京 · 说议会》(1913 年 8 月 8 日),载《黄远生遗著》卷二,台北华文书局 1969 年版,第 149 页。

③ 韩玉辰:《民初国会生活散记》,载《文史资料选辑》(第 53 辑),北京文史资料出版社 1964 年版,第 240 页。

④ 张国淦:《洪宪遗闻 · 徐世昌谈洪宪小史》,载张国淦:《北洋述闻》(民国史料笔记丛刊),上海书店出版社 1998 年版,第 77 页。

威权与革命激荡下的国会命运

《亚细亚日报》指出：参议员们不外是三种人：拘牵繁琐而愎与自用者、隐秘回护而昧于党义者、骄倨庸惰而昧于佚乐者。

就在政治风波激荡之中，国会不能不显得颇为纷乱。早在参议院时期，时人对议员们就颇多指责。如《亚细亚日报》指出：参议员们不外是三种人：拘牵繁琐而愎与自用者、隐秘回护而昧于党义者、骄倨庸惰而昧于佚乐者。[①] 如今国会时期，因局势的原因，院内更多争执。《论衡》杂志在大借款事件时批评："夫自开院以还，日扰扰于议场者，仅此大借款一案，小则戟指辱骂，大则用武。不惟莫可就绪，抑且愈说愈遥。以此所为，求彼福利，真如俟何之清矣。"[②]国会议员邹鲁也说："每次开会，都有热烈的辩论，甚至呼号漫骂。英国有句谚语：'国会系一群狂狗乱吠的地方。'我由此完全相信了。"[③]梁济对国会原来充满寄托："忍死以待国会之开，欲以最苦心事愬之全国代表，求吾国最贤明之人齐心挽救民心民德，铲除世上不公不平，使吾国跻于高尚优美。自辛亥

---

① 《亚细亚日报》1912 年 6 月 8 日。
② 《众议院大事记》，载《论衡》1913 年第 2 期。
③ 邹鲁：《回顾录》，岳麓书社 2000 年版，第 47 页。

腊月定此主义,原意共和国势力最大者莫过于国会,贤才之最盛者莫过于国会。”[①]待国会开后,却亦充满怨言:“今既实现有期,不可不旁听三次,参观盛举然后死。故壬子年余频频问两儿国会究何时果开,皆云癸丑三月必开,不料癸丑国会开后,一般议员乃全非素日心中想往之议员,全不以救民救国为心,捣乱行私,不成事体,凡吾国所最尊重之道德,皆彼辈之所贱视。”[②]梁济在这里的表达,虽然基于对政治的理想化期待,但颇能表达出部分社会精英对国会的观感。在这种情况下,国会在立法方面的成绩显得不足,全案通过的法律不过宪法起草委员会互选规则、议院法、国会议员内乱外患罪逮捕法、总统选举法、契税法、参众两院议员旅费表、预戒[③]法,寥寥不足十部。进一步来说,“二次革命”前后,袁世凯与国民党和国民党议员的冲突步步升级。

赣宁之役袁世凯取胜后,直接参与“二次革命”的数位国会议员先后被袁世凯逮捕处决。先是 8 月中旬,宪法起草委员会徐秀钧首被逮捕,解往九江枪决。9 月 27 日,复捕去国民党参议员朱念祖、高阴藻、张我华、赵世钰、丁象谦等 5 人,众议员常恒芳、褚辅成、刘恩格等 3 人,内中张、赵、褚、刘四人为宪法起草委员。……统计各起草委员被杀者 3 人,被捕者 4 人。[④] 张耀曾和谷钟秀在

---

① 梁济:《敬告世人书》,载《梁巨川遗书》,华东师范大学出版社 2008 年版,第 63 页。

② 同上。

③ 以上全案通过法案,参照张永《民国初年的进步党与议会政党政治》一书中的《第一届国会众议院议事活动表》,该表整理主要依据了《众议院公报》。北京大学出版社 2008 年版。见该书第 364 ~ 382 页。

④ 张国淦:《国会篇》,载《近代史资料》第 91 号,中国社会科学出版社 1997 年版,第 128 页。

此恐怖氛围中，提出了国会议员保障法，议决时改名为《国会议员内乱外患逮捕法》。该法共四条，核心为前三条。第一条为：国会议员犯有内乱罪或三等以上有期徒刑之外患罪时，虽在戒严期内，除在接战地域逮捕外，仍属大理院审判。① 第二条：戒严司令官查获证据认国会议员有犯内乱罪外患罪之嫌疑，实行逮捕时须于逮捕后二十四小时内，解交总检察厅起诉。在开会期中，政府应同时将罪据报告于国会。于总检察厅所在地以外逮捕时，前项解送期限得依道路远近酌量展长，但须于逮捕后二日内起解。② 第三条：关于以上之逮捕，若有挟嫌、诬陷情节，须将告发人按律治罪。③ 第四条：本法自公布日施行。④ 可以看出，虽然改名，但本法实仍为议员保障法。这个法案，让袁世凯对张耀曾甚为恼恨，以至于在11月4日袁世凯指出："乃该党议员，既利用其议员资格以曲庇作乱之逆党，复利用同院资格以曲庇助乱之议员。前次该党议员张耀曾、谷钟秀等，有议员保障法之提议，原案仅止三条，而其扶助乱党，破坏约法之诡谋，昭然若揭。充该党议员张耀曾、谷钟秀等之用心，不过欲借国会提案之职权，阴行其助长内乱之毒计。该项议案与其谓之为议员保障法，毋宁谓之为内乱外患犯保障法。则证以李烈钧等往来密电，此次南方乱事，系出于该

---

① 《国会议员内乱外患逮捕法》第一条，载《参议院决事录汇编》（第1册），1913年12月。

② 《国会议员内乱外患逮捕法》第二条，载《参议院决事录汇编》（第1册），1913年12月。

③ 《国会议员内乱外患逮捕法》第三条，载《参议院决事录汇编》（第1册），1913年12月。

④ 《国会议员内乱外患逮捕法》第四条，载《参议院决事录汇编》（第1册），1913年12月。

党议员鼓吹一致进行于内。"[①]

11 月 4 日袁世凯解散国民党和取消国民党议员资格,并发表措辞严厉的布告。

袁世凯本人在 11 月 4 日大布告中的解释是:对赣宁之役,"我国民痛定思痛,其亦知使我国民颠沛流离于枪林弹雨之中者为国民党党员及国民党议员乎? ……乃月前查获逆首李烈钧与国民党议员徐秀钧往来鸿密、穆密各电,始悉此次内乱之蔓延,纯出于该国民党与国民党议员所计划。……以国会为护符,以政党为武器,如此议员,污我议员。辱我国会。……饬令将该国民党立予解散,并饬追缴国民党国会议员证书、徽章。"[②]在这里,他将查获的徐秀钧李烈钧通信作为此次针对国民党剧烈举动的导火线,终于不能容忍。

而时任总统府秘书长的张国淦引用顾鳌说法的解读是:总统素来尊重国会,虽然张耀曾、谷钟秀等挟一与政府为难态度,总统有时颇觉难堪,仍是忍受,其公然破裂,则在浙江省议会议决省议会组织法始。此项组织法,经浙江省议会议决,咨请浙江民政长朱瑞公布,朱交复议。当时国会议省议会组织法,在国会本自当俟国会议决后,查照划一办法办理。而浙江省议会,径电参议院,院即照原案通过,咨请政府饬浙江省政府遵办。依约法及国会组织法,议决法律案咨政府公布,如不公布,即交复议。本人(顾)自谓,此非法律案,即以碍难照办咨复议院。议院大哗,提出违宪问题。本人以政府委员资格到院辩论,而此案告一结束。从此国会

---

① 《袁世凯宣布国民党议员助乱证据布告》,载《民初政争与二次革命》(中华民国史料从稿),上海人民出版社 1983 年版,第 829 页。

② 同上。

神圣之观念为之低落。然总统仍不愿开罪民党。即如赣、宁战争将起,江西李烈钧关于事件电致政府,由秘书邓镕拟复。在此时,总统尚切嘱,措辞务要斟酌,万勿激变等。于此者不止一事。倘其时张、谷等态度稍为和缓,不事事抨击,则国会结果绝不至是。①

1913 年 11 月 4 日,军警搜查国民党本部,软禁代理理事长吴景濂。同日,军警搜查国民党议员证书、徽章。“翌日见报,追缴证书者三百五十余人,系按照国民党最近名册办事,故无一漏网者。而袁党犹不甘心,翌日又陆续追缴两院同事过去曾挂国民党籍者八十余人。”②

---

① 张国淦:《国会篇》,载《近代史资料》第 91 号,中国社会科学出版社 1997 年版,第 125 ~ 126 页。

② 韩玉辰:《民初国会生活散记》,载《文史资料选辑》(第 53 辑),文史资料出版社 1964 年版,第 251 页。

天坛宪草的制宪权争夺战

《临时约法》确定的国会制宪权，并非确定不移，中间也发生了风波。国会的制宪权受到质疑和挑战，时在 1912 年年底，1913 年年初。

"天坛宪草"的起草委员会即宪法起草委员会成立于 1913 年 7 月，但实际上，宪法起草从《临时约法》颁布之时便已开始了。前已有述，《临时约法》规定："本约法施行后限十个月内，由临时大总统召集国会。其国会之组织及选举法由参议院定之。"①该法接着规定："中华民国之宪法由国会制定。宪法未施行以前，本约法之效力与宪法等。"②随后，《国会组织法》明确了国会两院的制宪人员组成："民国宪法之起草，由两院各于议员内选出同数之委员行之。"③"民国宪法之议定，由两院会合行之。"④这就是说，从《临时约法》到《国会组织法》，都步步指向宪法，尤其是《临时约法》，不过是宪法的过渡而已。但是，《临时约法》确定的国会制宪权，并非确定不移，中间也发生了风波。国会的制宪权受到质疑

① 《临时约法》第 53 条。
② 《临时约法》第 54 条。
③ 《国会组织法》第 20 条。
④ 《国会组织法》第 21 条。

和挑战,时在 1912 年年底,1913 年年初。1912 年 12 月 17 日,蔡锷致张国淦,对由国会议员制定宪法表示巨大不信任,提出应由海内贤达会商各省都督制宪。[①] 12 月 22 日,河南都督张镇芳、江苏都督程德全等提出,仿美国各州推举代表之例,由各省都督各举学高行修识宏才富之士二人,一为本省者,一为非本省者,集为宪法起草委员会,草案既立,然后提交国会再行。[②] 1913 年 1 月 1 日,蔡锷的老师、理论家梁启超也参与了这次绕开参议院—国会而另起炉灶的制宪机构设定大合唱。他假定了制宪机构由临时大总统确定、由参议院确定、由各省都督及议会会同荐任、由各大政党本部协议兼任、兼采以上诸法糅合成之五种方案后,提出的方案是设立"民国宪法起草委员会",其成员由大总统副总统各制定三人;参议院在本院议员中选举三人或五人;各省荐选,每省二人,其荐选之法,由都督指荐三人提出,省议会从中选任二人,其中一名非本省;各大政党本部每党选一人。[③] 1913 年 1 月 17 日程

---

① "惟逆揣国会议员议定宪法,难保不偏重党见,趋于极端,徒为防制行政首长之条规,致失国家活动之能力。临时政府之疲苶不振,国本动摇,实临时约法有以使之然,可为前鉴。……祈密召海内贤达,如梁任公、杨皙子诸人,速将宪法草案拟订电知,俾得联合各省都督,先期提出,以资研究,而征同意,期收先入为主之效。将来草案交院议决,若议员所主张,总统有认为滞碍难行者,通电各省,锷必与各都督联名抗争,务期达拥护中央之目的。某亦缔造民国之人,宁不思为民权之保障,特以民权恒视国权为伸缩,必国权巩固而后民权有发展之期。总统当国家行政之中枢,负人民付托之重任,使因少数人之党见,减削其行使政策之权,恐一事不能为,必致陷国家于不振之地。"蔡锷:《致张国淦电》,载《蔡松坡集》,上海人民出版社 1984 年版,第 627 页。

② 事见张学继:《民国初年争夺制宪权的斗争》,载《北京档案史料》1992 年第 4 期,张学继引用了中国社科院近代史所存档的张镇芳电稿。

③ 梁启超:"专设宪法案起草机关议",载《庸言》第 1 卷第 3 号,1913 年 1 月 1 日。

德全提出了“编拟宪法草案委员会大纲”,方案为国会推八人,国务院推六人,各省都督各推二人,各省议院各推一人。① 前已有述,这些地方大员屡屡因各种争执而提交争议到参议院,领教了参议院的中央权力。② 如故对参议院与即将到来的国会怀着不满与戒心,从而担心国会制宪,掣肘政府,于是提出了另起制宪炉灶。当然引起参议院的反击。张耀曾也获邀出任国务院推荐的宪法起草委员,但他当即复函力辞:“职务既有未明责任,自难勉尽,所有研究宪法委员之命,未敢冒昧承领,仅将元件璧还,并祈监察为荷。”③《民立报》次日报道:“今宪法研究委员会开会所有国务院派定之五人,因张耀曾辞退,改派严鹤龄。”④

---

① 张学继:《民国初年争夺制宪权的斗争》,载《北京档案史料》1992 年第 4 期。

② 如 1912 年 2 月 3 日,参议院会议还谴责了河南都督、袁世凯的亲戚张镇芳“任用私人,敢于违法”,“于军队毫无调度,土匪亦未能平复,使河南人民日在危险之中。”《参议院第一百二十六次会议记录》,载《参议院会议速记录》第一百二十次之第一百三十一次。

③ “参议员法制委员张耀曾君被国务院推荐为宪法起草委员(共六人,余五人为李家驹、杨度、黎渊、卢弼、张煜金),张君当即复函力辞,因此种机关性质未明,未便承认,兹得张君覆国务院函如下:昨奉公函敬悉,谬以菲才辱荷推定为研究宪法委员,闻命之余,惶愧无似,惟耀曾庸愚,再四思维于此次推定之意,终多未喻,大凡国家行为,必须依据法令研究。宪法委员会之设,谓非国家行为而推定之者又属国家机关,谓系国家行为又无法令可据,此难解者一;行政官厅因筹备政务延聘专门之士研究规划以利进行,亦属常有之事,雇其政务性质,必属行政范围,其研究目的实在推行尽利,今宪法制定全权,约法既付之国会,行政机关已无参事余地,即研究有得亦无提议之权,特聘专员似属毫无意义,此难解者二。职务既有未明责任,自难勉尽,所有研究宪法委员之命,未敢冒昧承领,仅将元件璧还,并祈监察为荷。”《京城飞絮录》,载《民立报》1913 年 3 月 1 日。张学继:《民国初年争夺制宪权的斗争》,载《北京档案史料》1992 年第 4 期引用,但将题目误植为《京城飞恕录》。

④ 《民立报》1913 年 3 月 2 日。

3 月 3 日[①]，参议院讨论政府提交的“编拟宪法起草委员会大纲案”。参议员覃振表示：“宪法起草，系国会之职权，载在约法，现在政府拟派人起草宪法，本是违法之举，请问违法之案应否受审查？此案既与约法大有冲突，即可取消。”[②]参议员张耀曾表示：“现在政府提出此案后，又提出国会组织法修正案，可见此案于法律手续并不错误。不过尚有一层问题，应须研究。宪法由国会制定，载在约法。但约法上所谓制定二字，是否包含起草而言，本席之意，确系包含起草而言。”[③]张耀曾结论认为：“此案不能成立，无付审查之价值。”[④]此事虽无实质影响，但表明尽管约法已将制宪权授予国会，中央和地方的行政权力却试图主导制宪，拿到制宪权。在这种情况之下，参议院—国会不能不保卫这一权力，不能不强化议会权力，同时继续责任内阁制。同样，组成国会多数的国民党在保持国会多数党地位和坚持政党内阁的问题上，始终坚持如一，也就是为了能够抗衡总统袁世凯。宋教仁在国会成立不久前再次确认：“世界上的民主国家，政治的权威是集中于国会的。在国会里头，占得大多数议席的党，才是有政治权威的党。”[⑤]

---

① 《参议院议事录》1912 年 3 月 3 日记录。

② 《参议院第一百二十七次会议记录》，载《参议院会议速记录》第一百二十次之第一百三十一次。

③ 同上。

④ 同上。

⑤ 《国民党鄂支部欢迎会演说辞》，载《宋教仁集》，中华书局 1981 年版，第 456 页。

所以,当此时的国会被称为“超议会制”,[①]研究者实则顾及理论之突破而忽视了国民党和国会议员们的苦衷。不论将理论适用到民初是否为创新,但是其现实背景是不容忽视的。国会成立一月后,国会参议院议员杨永泰、林森、丁世峄、陆宗舆、刘成禺等再次提出:“宪法制定为此次国会唯一之天职,宪法起草又为参众两院之特权。当此临时政府将次告终,非急定宪法,则正式政府无成立之期,内无以巩国基,外无以促承认,甚非民国之福。况宪法为国家根本法,将来悉心商榷表决,需时正多。自国会开幕以来,将及一月,然宪法之草案,尚未属稿,进行迟缓,如此可为痛心。宜急起直追,成此大业。”[②]这既是对国会制宪权的确认,也表明了制宪的迫切性。

同期,1913 年 2 月 4 日,各政党宪法讨论委员会在北京北半截胡同成立,国民党人张耀曾、聂权、蒋举清、谷锺秀、顾视高、汤漪、易宗夔、李肇甫,统一党人王印川、饶孟江、江绍杰、赵管侯,共和党人项骧、方枢、汪荣宝、王家襄,民主党人孙洪伊、王国琛、李庆芳参加会议。[③] 会议主旨在于统一各党纷争,制定完善宪法。张耀曾在会议中做了积极发言。本章附表 2.1 为其全部发言情

---

① 严泉:《失败的遗产:中华首届国会制宪:1913 - 1923》指出:“‘超议会制’是一种严重违背宪政分权与制衡原则的畸形政体制度,核心是立法(国会)至上,而不是三权分立与制衡。权力之间缺少互相制约的关系,行政权对立法权不能发挥平衡作用,司法权对立法权也不存在制约作用,立法权却可以过度侵占行政权与司法权,凌驾在两权之上,形成立法对行政、司法权力单向的制约作用。”广西师范大学出版社 2007 年版,第 98 页。

② “民国宪法起草委员会编制法草案理由”,载《参议院议决案汇编》第 2 册,1913 年 12 月编。

③ 《宪法讨论会纪事》,载《宪法新闻》第 1 期,1913 年 4 月 13 日。

况。尽管张耀曾的许多讨论是比较技术化的，但张耀曾的发言无疑以总统、国会、总理的关系为中心议题。其核心在于，如何从理论上证明，限制总统权力是合理的诉求和可行的制宪方案。

而对临时大总统袁世凯来说，不能不关心的事情是——能否如愿成为正式总统，以及俟正式宪法颁布时，总统权限究竟有多大。而对于国民党和国会来说，考虑的问题同样聚焦在总统的权限问题上。袁世凯在国会开幕前后，亲自发表言论，表达了对宪法取向的意见：关于宪法采取何国主义，袁世凯表示："民国之宪法固宜依据共和先进之宪法，亦必吻合中国之国情，但使宪法之规定适于运用，无牵制过甚之弊，俾中华民国得为健全巩固之国家，如斯而已。"①关于选举总统，袁世凯只是泛泛地指出："选举总统为全国人民公意之选出，故其选举之手续必有合于全国人民公意之精神。"②"共和国选举总统，为发挥国民为国家主权者之最大活动。故此次选举之手续，期能唤起国民，使之能行其主权者之权，而晓然其责任之所在。"③袁世凯本人的表态看似不甚鲜明，但已隐含两点重要意思：一是宪法不能对总统形成太大掣肘，二是选举总统应当出于全国人民的公意，而非仅仅代表某机构如国会或某政党如国民党的利益。

为了张扬总统权限，多种政治力量亦在此时合唱。归纳起来包括：(1)主张先选总统后定宪法④。直滇黔苏鲁等十七省都督

① 《袁项城之宪法谈》，载《宪法新闻》第2期，1913年4月20日。

② 同上。

③ 同上。

④ 率群：《宪法与选举总统先后问题》提出，先选总统的好处是：可使正式政府早日成立，可使政治先为先进，载《独立周报》第2卷第9期，1913年3月9日。

通电指出，国事艰难，需成立正式政府解决，但制定宪法非仓促之举，故宜先选总统，以临时约法上临时大总统权力为正式大总统权力。[①]（2）主张建立强有力的政府：因应时势，南北有争，党派有争，故欲成一强有力之政府，实视宪法精神为向背。[②]（3）强调中国宪法宜注重国权，而不仅仅注重民权；强调中国宪法对政府宜力防其奸私而不必尽防其暴虐。[③] 强调中国先制定宪法的前提，是抉择国权和民权何者为重要。“我国虽名专制，然自咸同以来，朝廷威力驰堕，非能控勒其民。”[④]（4）强调总统一职非袁世凯莫属。“真正总统候选员，只有一人，斯人为谁，固不必赘问，即余辈久久认为足以胜今日大任之袁世凯也。中国以外之人，群以总统一席属望于袁世凯。”[⑤]（5）主张重总统之权，而议员不能享有同意之权。国务员之任命，内阁若操有表决之权，则内阁仰承议员意旨而以趋避责任为其能事，内阁难于成立，成立后议院也难于信任内阁。[⑥] 同时，“制定宪法时有不可不加入者，则大总统应有解散议会之权是也。”这些意见都综合在了代表此种立场的下表私拟宪法之中（见本章附表 2.2），而国民党之反对意见，亦见于其私拟宪法中（见本章附表 2.3）。

从这两个附表可以看出，袁世凯请来的外国宪法顾问所提草案，对总统权限与任期最为张扬，而以梁启超、吴贯因为代表的进

① 《各都督对于总统及宪法问题之主张》，载《宪法新闻》第 4 期，1913 年 5 月 4 日。

② 《又福州孙都督通电》，载《宪法新闻》第 4 期，1913 年 5 月 4 日。

③ 少少：《旧国情与新宪法》，载《震旦》第 1 期，1913 年 2 月。

④ 《麦孟华君宪法先决之前提说》，载《宪法新闻》第 4 期，1913 年 5 月 4 日。

⑤ 《狄留博士之总统选举观》，载《宪法新闻》第 4 期，1913 年 5 月 4 日。

⑥ 蓝公武：《大总统之权限与地位》，载《庸言》第 1 卷第 4 号，1913 年。

步党人方案，反而呈现出与国民党王宠惠、席聘臣等方案可以对话交流的理性。按照时人的归纳，当时的争点主要包括：(1)统治权主张大总统行使与主张于议会、国务院、法院行使之争点。(2)任命国务员与外交大使公使主张总统大权任用与议会同意之争点。(3)解散议院及否决议案主张一部分之总统大权与主张议会独立之争点。(4)宣战媾和及缔结条约主张总统大权与主张议会同意之争点。(5)司法大赦主张总统大权与主张议会同意之争点。(6)议会弹劾权主张限于国务员违法事件与主张国务员违法或失职事件之争点。[1] 在宋案、大借款事件和"二次革命"赣宁战争之前，这些讨论相当热烈。一则，都在理论层面；二则，都在宪政层面，虽然各执一词，但也算有点君子之争之感。惜乎，这一局面很快被赣宁之役打断。

宋案、大借款事件和"二次革命"赣宁战争带来的问题是：(1)宋案和大借款事件拖延了制宪的进程，使得本应在国会成立即可启动的制宪，拖延到了6月中旬至7月方才启动，这两个月的时间，若在其他时候，当不足论，但在此非常时期，就大有时局变迁之感；(2)赣宁战争更增加了袁世凯与国民党和国会的强烈的不信任感和对峙性，双方的互信基本上被战争消耗了，剩下的就是对决和争权，对于国民党议员来说，甚至还有一个自保的问题。袁世凯对于张耀曾、谷钟秀的指摘表明，他认定张、谷不论说什么、做什么都是针对他而来。同样，在国民党及其议员们看来，袁世凯所有的也不再是制宪心、责任心，而只剩下了野心。(3)由于制宪进程被拖延，制宪过程争论也增加，袁世凯对于担任正式

① 大冥：《对于宪法上争点之横议》，载《震旦》第1期，1913年2月。

总统便充满急切之心。这使他在制宪的过程中,明确提出了限定总统后定宪法的主张,并化为实践。其后虽当选,双方的对峙却更加激烈。正如谷钟秀所言,在赣宁之役之前,虽有人提出限选总统,终因理论上难以成立,而归于平静。但赣宁之后却忽然再度热烈提出。①

① 谷钟秀:《中华民国开国史》,上海泰东图书局 1914 年版,第 147 页。

天坛宪草起草记

"天坛宪草"的此时命运使人想起8个月前一位评论人士的话："建立国家根本事业莫难于宪法，而世界国家宪法之制定莫难于中国之宪法。"此难，即在于缺乏共识之难，缺乏互信之难。

1913年6月，国民党和进步党、国会参议院和众议院经过整月的商榷以至于博弈，终于确定了宪法起草委员会的60名人选，国民党居其大。张耀曾以国民党干练法律专才的身份，当然在内。1913年7月10日，宪法起草委员会预备会终于在人们的期待中召开，推汤漪为主席，推张耀曾、王家襄、夏同龢为起草宪法起草委员会规则委员。张耀曾等行动迅速，7月12日即将起草委员会规则交付大会讨论。① 随后，"先选委员张耀曾、汪荣宝、李庆芳、黄云鹏起草大纲，后又选委员张耀曾、丁世峄、李庆芳、黄云

---

① 宪法起草委员会从第四次会议（1913年8月2日）开始在天坛祈年殿举行，故得"天坛宪草"之名。将会议地址选在天坛，来自吴宗慈的提议。被否决的场所还包括北海团城、颐和园、三贝子花园。天坛祈年殿庄严肃穆，"各委员临此庄严之地，自发生一种诚肃之感情。"汤漪表示："观此建筑，规模极宏大，而基础亦属坚固，即此现象上，可预祝将来能制定一部巩固完善之宪法，使国家立于巩固之地位。愿与诸君各具一种庄严之精神，务达此目的。"载吴宗慈：《中华民国宪法史前编》，北京东方时报馆1924年版，第23～24页。

鹏、孙钟五人,根据讨论结果草定全部条文。"[1]与此同时,先选总统的声音也逐渐高亢起来。鉴于宪法起草尚需时日,而赣宁结束之后的局面,和各国从法律上尚不承认中国政府的局面,都呼唤强有力的正式中央政府予以维持。众议院和参议院、国民党和进步党终于达成了先选总统后定宪法的基本共识。

9月12日,参众两院召开两院会合会,讨论了两个问题:一是总统选举法是按照普通立法的程序进行,还是按照制宪的程序进行;二是宪法能否先制定一部分作为总统选举法。议定的结果是,由宪法起草委员会起草作为宪法一部分的《大总统选举法》。10月4日,经过对该法之核心条款如总统任期、选举法定人数等的论争后,《大总统选举法》终于颁布,旋于10月6日进行选举,袁世凯如愿当选。10月10日,在辛亥革命两周年之际,袁世凯正式当选中华民国总统。这也表示中华民国的正式政府成立,俄国、德国、英国、法国承认了正式政府。对于袁世凯的当选,有正反两方面的价值:正面价值在于,袁世凯能够以不流血的方式当选总统,[2]且终在外交上进一步获得主流国家承认。这的确是中国政府宋案以来的一次积极事件,也表明了国民党和国会在这一重大事件上的积极配合;负面价值是,在选举总统,制定总统选举法的过程中,国民党和国会在关键问题上并不让步,仍然以法律和选举掣肘袁世凯,而正式当选后的袁世凯不免显示其强势,双方的分歧反而随着袁的当选而扩大。如媒

① 张耀曾:《民国制宪史概观》,载《宪政救国之梦:张耀曾先生文存》,法律出版社2004年版,第73页。

② 《沪上外人对于选举总统与外人承认之舆论》,载《协和报》第4卷第2期,1913年10月11日。

体指出的，国会欲实行国会统治，并欲制定宪法而使袁世凯变为傀儡。①

总统选举结束，宪法起草也进入了疾行阶段。总统和宪法起草委员会双方愈加敏感，愈加对峙。如果说，前述各种代表性私拟草案中的分歧，不同政治派别的宪法见解，都还停留在理论论证的阶段，到了此时，他们都成了活生生的问题，需要做出抉择，如何在宪法中规定，又如何妥协。两件直接冲突的事情是，一是袁世凯请修订《临时约法》之总统权限："推立法者特设此项附则之意，不过以为大总统之职权，在国法上须有一定。目前宪法尚未产生，暂依《约法》规定。本大总统亦认为必要，而不敢非难。然而《临时约法》之良否，究为政治良否之所关，本大总统证以二十阅月之经验，凡从《约法》上所生障碍，均有种种事实可凭。窃谓正式政府之所以别于临时政府者，非第有一正式之大总统，遂可为中华民国国际上之美观而已。"②此议无果。"苟见有执行困难及影响于国家治乱兴亡之处，势未敢自已于言，况共和成立，本大总统幸得周旋其间，今既承国民推举，负此重任，而对于民国根本组织之宪法大典，设有所知而不言，或言之而不尽，殊非兹本大总统谨以至诚对于民国宪法，有所陈述，特饬国务院派遣委员施愚、顾鳌、饶孟任、黎渊、方枢、程树德、孔昭焱、余棨昌，前往代达本大总统意见。"③八名委员又被宪法起草委员会挡在门外。"起

① 《选举总统论》，载《协和报》第 4 卷第 3 期，1913 年 10 月 18 日。

② 《袁世凯致众议院请增修约法案文》，载《北洋军阀》，武汉出版社 1990 年版，第 494 页。

③ 《袁世凯咨宪法会议派员至会文》，载《北洋军阀》，武汉出版社 1990 年版，第 496 页。

草期间共三个多月,委员虽各党都有,却能虚心和衷,表现公正远大态度。可是,袁世凯干涉压迫无所不至,或派员强要参与,或藉词逮捕委员,或通电各省都督促其于宪。”①

10月31日,“天坛宪草”在宪法起草委员会获得通过,这本应是一个弹冠相庆的时刻,但随之而来的却是前述11月4日的整饬国会风暴。作为袁世凯的顾问们,莫里逊、有贺长雄和古德诺对本案坚决反对。莫理逊表示:“我已同古德诺教授作过长谈,我不能不认为,明智的方法是由总统亲自请古德诺教授草拟一个说帖,并用有力证据加以支持,竭力赞成总统指出在宪法草案下,他的权力受到极其危险的限制。”②古德诺10月31日在英文《北京时报》发表文章:“如果采行这个宪法,中华民国总统势必处于徒拥其名,不能有所作为的地位,犹如法兰西共和国的总统一样。”③“主张在中国实行内阁制政府的各政党,应当知道自己所负责任的严重。”④有贺长雄则明确指出,国会的权力太大,已然违背三权分立之原则了:“乃现在国会议员利用其有制定宪法全权,务扩张国会权力,显违三权分立之旨,偏向二权分立主义(即国会政府制)。”⑤显然,前述研究者的批评与此处的有贺长雄类似,但证之

① 张耀曾:《民国制宪史概观》,载《宪政救国之梦:张耀曾先生文存》,法律出版社2004年版,第73页。

② [澳]骆惠敏编:《清末民初政情内幕:泰晤士报驻北京记者、袁世凯政治顾问乔·尼·莫理循书信集》下(1912~1920),刘桂梁译,知识出版社1986年版,第248页。

③ 同上。

④ 同上书,第250页。

⑤ 王健编:《西法东渐:外国人与中国法的近代变革》,中国政法大学出版社2001年版,第96页。

前述过程，是双方的敏感与对峙，以及此前铺垫的宋案、大借款、赣宁战争等事，催动了这种缺乏互信状态的诞生。在这种情况之下，单方面指责国会的超议会制和缺乏妥协智慧，不能使人认同，恰如不能否认袁世凯各咨文从文字上的合理性。所以要害在于，宪政争执的双方，必须有互信和共识。“天坛宪草”的此时命运使人想起 8 个月前一位评论人士的话：“建立国家根本事业莫难于宪法，而世界国家宪法之制定莫难于中国之宪法。”①此难，即在于缺乏共识之难，缺乏互信之难。

① 少少：《旧国情与新宪法》，载《震旦》第 1 期，1913 年 2 月。

“儒家入宪”

一百年后回顾当时的儒家入宪运动，可以看得出来，这是一次借助“入宪”的机会和方式，而呈现出来的对于儒家的“站队”，更进一步说，这是对中国固有的精神资源的“站队”。

流传两千年的儒家和“孔家店”，到了民国初年，却成了“游魂”和冰上之火。

余英时称失去了制度依附的儒家为“游魂”。也即，躯体已死，灵魂游荡。辛亥鼎革，帝制骤消，读经废除，儒家就成了“游魂”。恰如美国汉学家列文森所说，“19 世纪君主制受到冲击，并在 1912 年被推翻，它本身也就成了一个历史遗留的概念。民国下的儒学也随之变成了历史陈迹。在以往的许多世纪和朝代中，君主制和儒学相伴而生，结为一体，互相利用，现在又互相牵连，双双衰落。”进一步说，列文森的观点和余英时的儒家“游魂”论，可做两层分类。官方认同，是其第一重躯体；社会认同，是其第二重躯体。当科举灭而共和建，可以确信其第一重躯体已失。五四前后，反儒家的风暴使其社会认同度大减，儒家之魂进一步游荡。

除了“游魂”之喻，鲁迅的“死火”一语，也颇似当时儒家的状况。鲁迅在《死火》中说：“一切青白冰上，却有红影无数，纠结如珊瑚网。我俯看脚下有火焰在。这是死火。”冰上之火，失去依托，有“炎炎的形，但毫不摇动”，这正像儒家在民初的命运。保守主义者们，试图燃烧这团悲壮的死火，来成就他们的秩序想象。然而，冰上之火，何术燃之？

面对儒家的巨大颓势，保守主义者康有为们开始为召唤游魂、燃烧死火作出积极努力。他们的主要争取的目标是：将儒家视为宗教。在转变的年代，儒家不仅是当时君主立宪构建者们对旧时代的一种乡愁，也是他们创建新时代的理论野心。

为了召唤游魂和燃烧死火，旧日的政敌袁世凯和康有为甚至隐隐携手。众所周知，戊戌之年，康有为因变法失败而受通缉，袁世凯却被认为因“告密”而进一步接近权力核心。双方势不两立。此后十年，康及其门生一直攻讦袁世凯在戊戌年的背叛。然而，共和之初，捍卫儒家却作为原因之一，令二人关系忽然转晴。康在野，犹在倡导保皇保教；袁在朝，亦在隐隐与之一唱一和，为古典意识形态合唱了一曲招魂歌。袁不但支持孔教会，而且聘康弟子陈焕章为总统顾问。袁世凯集团的徐世昌、冯国璋等，都担当了各种尊孔社团的名誉负责人。

当初创的民国欲正式立宪时，陈焕章进一步提出将孔教载入宪法，定为“国教”。副总统黎元洪上书国会支持：“二千余年实已浸润渐渍于普通人民之心理……兹者国体维新，民族仍旧，廉耻之防未立，礼义之用未宣，人背常经，士越恒轨。心无定宰，则竞权攘利之弊滋；乡无善型，则犯上作乱之衅起。”看得出来，作为辛亥革命直接受益者，作为副总统，黎元洪内心对于曾经推动他上位的“为权利而斗争”和“犯上作乱”却充满了强烈的不认同，儒家却成了他“安顿革命”的法宝。

在黎元洪等人士的眼里,儒教由宪法确立为国教,这是儒家与现代政制的衔接。这有利于强化儒家在人们心目中的崇高位置,也有利于将儒家的影响力渗透到现代民权文本中。黎元洪等主流官员的力挺,既表明在民国的新士大夫阶层中,对儒家的情感犹在,也表明他们认同这种方式,还表明袁世凯作为最高领导人的暗中同意。

民间老派人士对此多有相应。如学者廖道传勾勒意识形态轮廓以支持:"其学说为全国大多数人所诵法,支配吾国二千余年之政学界,而又有以孕育民国如此。"廖道传是广东梅州人,为一介普通儒生,文字中他的情感之热烈,跃然纸上。有意思的是,"道传"作为他的名字,亦有隐喻色彩,表明意识形态在即将制定的宪法中的传承。

各路人马纷纷祭起"儒家入宪"的建议版本。康有为撰写的宪法草案称:"凡国民苟不扰治安,不害善俗,不妨民事、政事之义务者,许其信教之自由。而以孔教为国教,惟蒙藏则兼以佛教为国教,其特别之制,以法律规定之。"康有为这条,对定孔教为国教的表白最为赤诚。梁启超撰写的宪法草案称:"中华民国以孔子教为风化大本。但一切宗教不害公安者,人民自由信奉。"这是在社会教育的意义上使用。

随着陈焕章建议的提出,随着黎元洪等人的"站台",随着康梁等人的积极参与,许多议员和各省军政要员进一步响应。于是出现对于儒家入宪"请愿之声,洋溢中国,请愿之书,充塞两院"的局面。但对于儒家入宪之议,反对之声亦不绝于耳。显然,"国教"的提法与人们通常理解的宪法精神有异,即,既然确定宗教信仰自由,为何又要确立国教?更进一步,儒家亦被激烈的反传统主义者视为中国落后的根本原因,又如何能入宪?

1913 年“天坛宪草”将赞成与反对者的意见做折中后规定:“国民教育,以孔子之道为修身之本。”这条却未提到“教”而言“道”,可见当时争吵之激烈。1923 年通过的北洋政府《中华民国宪法》规定:“中华民国人民,有尊崇孔子及信仰宗教之自由,非依法律,不受制限。”

一百年后回顾当时的儒家入宪运动,可以看得出来,这是一次借助“入宪”的机会和方式,而呈现出来的对于儒家的“站队”,更进一步说,这是对中国固有的精神资源的“站队”。正如列文森对此概括说,“对于康有为和追随他的思想家来说,儒家是困难时期使中国摆脱困境的宗教,而对革命的反传统主义者来说,正是儒教造成了中国的危难,因此,只有反儒教,彻底抛弃儒教,中国才能摆脱其困境。”我们已经知道,新文化运动之“打倒孔家店”,其出发点正是对于儒家入宪运动的反击。由此,儒家入宪运动这件事,值得以客观的叙述方式,写入中学历史教科书和大学通识读本。

失踪的法律家章宗祥

懂法律的章宗祥在告别法律人生涯后的历史声誉的悲剧，一方面来说，是历史叙述上的原因造成的。就像画素描的人，为了突出亮的部位，就要把亮部周边的区域画成深色或黑色；另一方面，也是当时法律职位流动太快、不够合理与法律政治不分的不够合理造成的。

1903 年，当 24 岁的青年“海归”章宗祥和陆宗舆站在京师大学堂的课堂上，以助教的身份为学生们传道授业时，他们怎么也不可能想到，16 年后，他俩都被以该校学生为领袖的一场学生运动痛斥为三名“卖国贼”中的两名。至少在过去的近一百年里，五四运动越显得永垂不朽，章宗祥和陆宗舆就越显得恶名昭著。既然是那样恶名昭著，人们当然不会记得，从京师大学堂教师到北大学生痛打（不是比喻，是真的举起拳头痛打）的对象，16 年里，章宗祥主要的身份是一名法律家。

在章宗祥的法律人生涯里，最显赫的应该是四个职务：清末，他担任过宪政编查馆法制局副局长；民国之后，他担任过中央法制局局长、大理院院长和司法总长。也就是说，起草法律、司法、司法行政，这几方面他几乎都做过最高负责人。

在梁启超担任司法总长时，章宗祥任大理院院长（也即最高法院院长)。在章宗祥任大理院院长之前,优秀法律人许世英任此职务。和很有社会知名度的政治人物梁启超比起来,章和许都是内行的法律家,有一种法律人的内在精神,对于司法独立和司法机构的建设怀着很深的热忱。在任大理院院长期间,章宗祥系统地谈了他眼中的司法理念。

在章宗祥任大理院长时,司法机关的公信力受到民间的大量质疑。作为最高审判机构的负责人,章宗祥指出,欲贯彻立宪精神,非实行司法独立不可,晚清筹备立宪,将司法独立采纳为基本原则,于是各级司法机构次第设立。民国告成,司法独立的精神日益昌盛。在章宗祥看来,一个机关的公信力建设,非仅一方面所维持,必由种种方面维持之。今欲司法机关信用日彰,一方面固由司法机关自身努力,他方面如行政、立法亦宜热心协助。彼此攻击,互相争攘,终非国家之福。

“文革”期间,我国曾因革命情绪而实行过公检法合一的体制,事实上,这也就裁撤了作为独立审判机关的法院。这种狭义或广义裁撤法院的提议,民国初年也发生过,这就表现为基于经费原因的裁撤法院和主张县知事兼理司法。对于裁撤法院的提议,章宗祥当然坚决反对。他说:“为移用经费起见,竟将万不宜裁之司法机关而亦裁之,则其损害更不可胜言。”①他说,中国当时采用多数文明国通行的四级三审制度,是为了保判决之公正,求审判之统一。如果通邑大都以及繁胜商埠已设立之地方审判厅倘因一时经费不足或不满意之故,就要被一律废止,真可谓前功尽弃,恢复无期,殊非得计。夫各省财政艰窘,固属不可掩之事

① 章宗祥:《关于司法问题之谈话》,载《庸言》1914 年第 1 期。

实,然仅仅维持此项业经设立之司法机关,恐怕也不算多么难办吧!我们强调司法独立,其实司法独立最可怕的时刻是连司法机关的存在与否都受到质疑之时。章宗祥在这里的辩护,不仅仅从自己的权力行使出发,显然有法律人的基本信念在。

值得注意的是,章宗祥还从一个特别的角度,讲了"司法官为法受过"的道理:司法官但知适用法律,不能因社会之情状而变更之,以博社会之满意。中国现行法律之不备或不适于社会者不可胜数,此等情形有立法之责者。亟宜从事编订修正,而不能即视为适用法律者之过。这就是说,司法上的问题,有时仅是立法上的问题。章宗祥的这个判断,颇有当时来说法理学上的前沿味道。

关于司法职业化,章宗祥的观点亦是清晰而清醒。他认为,此前由于司法人才不够用,不得已于考试之外,别开招录之门,这显然是权宜之计。目前,要选拔司法人才,"固非出于考试一途不可"。司法人才的选拔,以司法人才的培养为前提。他提出了法学院和法官养成所两个培养途径。

在章宗祥的时代,或许是受了清代及此前大理寺与刑部的关系的影响——刑部的影响力和职级高于大理寺,所以一些官员似乎不满足于担任大理院长,而想入阁为司法总长。但是,当时的司法总长作为内阁成员,可以说站在了行政与议会机关屡起冲突的前线,于是,受此影响,司法总长与其他内阁成员一样,交替太快。总的来说,在当时,司法总长既意味着达到了法律人职位的最高点,又意味着成为政治的一部分。所以,在法律家章宗祥担任司法总长位置两年之后的1916年,随着袁世凯的离世与护国战役的胜利,他告别了法律人生涯,再也没有回归。此后三年,加入外交官行列的他被打成了卖国贼。

懂法律的章宗祥在告别法律人生涯后的历史声誉的悲剧,一方面来说,是历史叙述上的原因造成的。就像画素描的人,为了突出亮的部位,就要把亮部周边的区域画成深色或黑色;另一方面,也是当时法律职位流动太快、不够合理与法律政治不分的不够合理造成的。

总的来说,在法律人群体形成的早期,从中央政府到民间,社会对法律职业还不够重视,法律职业还没有较好的稳定性,由此,作为个中一员的章宗祥,也就加入了流动的行列。假如他能一直停留在大理院院长的位置上,而视此为荣,安心效命;假如当时的制度也提供了这样的可能性——那么,尽管五四还是要打一个卖国贼出来,这个卖国贼也一定不是曾经的法律家章宗祥了。

许世英与司法改革锐进

许世英对程德全说："司法事业以现时人力财力及国民心理而言，万不能徒袭美名，遍设法院，致使利国福民之政，反而厉民而病国。"

许世英是中国进入共和时代以后，第一位迈入实质操作阶段的司法改革英雄。在许世英 1912 年担任司法总长之前，两位前任伍廷芳和王宠惠先生虽然名满天下，但是伍廷芳主要担任了临时政府与北方会谈的首席代表，对法律无暇顾及，王宠惠任职也不长，还未及大幅实质推动就已去职。

伍廷芳和王宠惠都是留学英美的精英；许世英却是刑部出身的本土派，又担任过奉天高等审判厅的厅长，相当于辽宁省高级法院院长，还做过大理院院长。或许正因为出身刑部，所以对旧弊有所了解，对旧人旧事有较多心得。也因为了解旧体制、旧理念的不足，也就懂了新体制和新理念的妙处。许世英接过了清末司法改革的接力棒，要把司法改革这项前无古人（是的，在那时，是真正的前无古人）的事业奋力推向前进。

在许世英的施政纲领中，司法独立是不易的方针。许世英说，司法独立是为立宪国的要素、法治国的精神。必须把完整无缺的司法机构体系建立起来,才能有司法的基础;必须把缓急先后的改革顺序确定下来,然后才能真正推动改革。在是否赞成司法改革的问题上,有“反智派”“国情派”“激烈派”“稳健派”四种主张。“反智派”,就是否认人类在司法文明方面的千年思考和实践成果,否认法律人的知识累积,认为不识字的放羊娃只要扫了文盲,就能拍脑门办案;“国情派”,就是把自己趟出来的土路当成康庄大道,把土法炼钢当成炼钢秘笈,认定自己割麦子的经验胜过收割机;“激烈派”,就是要一夜之间整容整成偶像的样子,不管这个样子是像华盛顿、伦敦、柏林还是像莫斯科;“稳健派”,无非就是想踏实推动改革。悲剧的是,在这四类人里,稳健派是最不容易被记住的那一类,时人也未必记得住,历史也未必记得住。稳健派太低调,太沉闷,太理性,或许还不善于包装自己。许世英就是稳健派,在写给江苏省最高负责人程德全的信里,许世英说“世英故抱定稳健宗旨。”①

许世英制定了改革的五年规划,要把各省的法院和监狱体系建立起来,这个计划,就是接续了清末的计划。我曾经写文章谈了清末司法改革的时间表。时间表是不能断掉的,就像诉讼时效,中断了,或许就得重新计算;就像烂尾楼,停下来,或许就得炸掉;就像打针输液,停药了,或许病情就反弹了。在各省建设司法机构,最大的难题是经费,许世英是司法总长,却不是财政总长,许世英统管全国的法院建设,身为巧妇,手里却无米可炊。也正因此,人们也说许世英的计划大而无当,也把稳健派的许世英说得改革愿望过于激烈了。可是,我很理解,作为司法的最高主事

① 《致江苏都督对于司法计划电》,载《司法公报》1913 年第 6 期。

者,面对人们对司法权的无视、对司法职能的无视、对司法经费的无视,没办法安之若素。对阻力安之若素,不是稳健,是改革的懦夫。而对阻力产生的原因表示理解,与之妥协,又努力促动改变,则为干才。许世英对程德全说:"司法事业以现时人力财力及国民心理而言,万不能徒袭美名,遍设法院,致使利国福民之政,反而厉民而病国。"①这话听来像反对遍设法院,其实是想和环境稍作妥协。

许世英勤恳推进监狱改良。许世英像所有又强调司法主权又饱含改革意识的人一样,把领事裁判权看成了参照系。许世英说:"外人领事裁判所以不肯绝对让步者,大抵以吾国法律、裁判、监狱均不能与世界各国平等,故常借为口实,实吾国之莫大耻辱。今改良法律,改良裁判,而不急谋改良监狱,亦犹未达完全法治之目的也。"许世英打算在全国设立三百所新式监狱,这就是一个省接近十所,数量很为庞大了。为了和不重视司法的讨价还价,许世英给他们算账,三百余所合计共需1500余万元。而监狱作业所入,当可收1000万元上下。

许世英强调在本土培养法学人才。一是设立法科大学,中央设立一所,各省仿行。二是强调实践教育,每年派遣法官40余人,分往各地法院练习法庭实务。监狱官吏,亦如法官派遣之法。三是先行试办,未设法院之地,选合格者充专审员,每县以三员为数,使法院未设立的地方,也就是司法行政还合为一体的地方能做到司法权与行政权逐渐分开。

许世英强调厉行律师制度,在已订定律师章程及登录章程的

---

① 《致江苏都督对于司法计划电》,载《司法公报》1913年第6期。

基础上，强调律师既德才并重，又有专业知识，又有正义感，改变人们心目中部分律师枉直作曲、混是为非的印象。他还打算建立不动产登记制度，在地方法院设立临时幼年法庭、建立感化院制度。这些，其实也都是许世英的司法改革同人共同推动的事业。我在这里对许世英的称赞，其实也是对许世英周围的司法群像群星的称赞。

可惜的是，在1913年的“二次革命”浪潮里，许世英终于顶不住压力辞职了。许世英的辞职，我不赞成。作为一个担当大任的改革者，他不能保证自己辞职之后的继任者也像他一样有改革情怀。事实上，许世英去职之后，民国就迎来了一次司法改革的倒退。

在许世英辞职之前，他处理的一件事颇为可圈可点。这就是许世英对江苏省司法行政负责人蔡寅的处理方式。在“二次革命”的重要发生地江苏，蔡寅积极参与革命，担任了独立江苏省的民政长，相当于省长，绝对是独立健将。“二次革命”失败后，许世英要求将蔡寅撤职，撤职理由却是“司法筹备处长蔡寅捏用都督省长名义令委陈英为高等审判长，章世荧为高等检察长，前来接收改组”。[①] 许世英说，蔡寅以司法筹备处长，竟敢改派高等两长，是侵犯了中央权限，无论是否捏用都督省长名义，均系破坏司法行政权，实属“不明事理”。可是，不追究闹独立的罪名，而追究“不明事理”的技术问题，这不是一种保护吗？这是一种以技术处理政治难题的办法，表明了许世英作为改革的稳健派，在处理异己人士上，却是宽容、善良、给人出路的。

---

① 《呈请将署江苏司法筹备处长蔡寅先行褫职文》，载《司法公报》1912年第12。

梁启超与司法改革倒退

"废司法之独立，扩行政之威权，事实上使人民含冤无诉！""各县知事既兼有司法权，即利用司法权以图行政上之便利，更即以司法权为行政上之一种手腕者所在。"

梁启超是民国成立之后，首个倡导司法改革倒退并成功促退司仪的高官。

极少有人发现梁启超促成司法改革倒退这个秘密。发现的人少，不是因为别的，只是因为在梁启超身后，梁启超已成为一代人杰，人们对梁启超多有仰望；只是因为人们更关心政治变迁的走马灯，而不关心似乎出于政治变迁细枝末节的司法改革；是因为到了人们关心司法改革时，又不太愿意细致地回顾本国的历史。

梁启超造成司法改革倒退，主要表现在开创或固化了一种叫做"县知事兼理司法"的制度。

梁启超的理论很有意思。1913 年年底，继许世英之后就任司法总长的梁启超向总统袁世凯呈上自己对于司法独立的心得和政见。梁启超说："细究司法独立之真精神，惟在审判之际，专凭法律为准绳，不受他力之牵掣，至于执法之官应否有特殊地位，本属后起之义，而非必要之经。”这句话意味着，司法独立的含义仅仅包括审判之时的独立性，而不包括法官独立作出判断的独立性。由此，梁启超提议实施县知事兼理司法制度，“未设法院之地，委县知事以兼理司法之权，一切奉行事宜，监督程序，当别呈报，只候钧裁。”尽管梁启超特别强调指出，这不过是个权宜之计，梁启超说：“今暂以一部分司法权，委代理于县知事，不过因人才经费两相缺乏，故作权宜之计。非惟为久远之图。”梁启超的确表达了面对财政和人才艰窘的双重困境，但是却无法改变梁启超是开启这个怪制度的始作俑者的基本事实。艰窘的环境和对基本理念的放弃，这是两码事。

1913 年 12 月 28 日，总统袁世凯发布了《大总统详论司法急宜独立文》。该文在肯定“司法独立为万国共由之大义，欲进国家于法治，宜悬此鹄，以期大成”的同时，也根据梁启超的请示指出：“京外法官富有学养、忠勤举职者固不乏人，然昏庸尸位、操守难信者亦所在多有……岂国家厉行司法独立之本意哉？……今据司法总长梁启超沥陈现状，穷究病原，条拟数端，力图整顿。……得委任知事兼理司法，以期变通。”看看，袁世凯夸梁启超在提出“知事兼理司法”这个制度时竟然达到了“穷究病原，条拟数端，力图整顿”的程度，可知梁启超对于促退改革，得有多少热情。

袁世凯还说了这么一句话：“世界法理固当熟参，本国习惯尤宜致意。”乍听起来，这话当然没错，每个国家都有独特的国情，不是吗？而且，细究起来，我们还可以说，假如一定要强调独特国情，那么就会发现，其实根本就不存在什么“世界法理”，既然各国都独特，怎么会有相似性？所以，把世界和本国对立起来，实际是展现了叙述者内心的清醒。他从心底知道，有一种基本理念和基本做法是有普遍性的。

看得出来,梁启超和袁世凯作为司法总长和总统的文字往来,名为“司法急宜独立”,实际却是以司法独立的名义装了司法不独立的酒。打的是独立的旗号,谈的是国情的事情,得出的是县知事兼理司法的建议。可是,就在一年前,袁世凯不是还在支持许世英的司法改革吗?依我看来,梁启超和袁世凯在司法改革倒退上的唱和,其成果主要还要算到梁启超的头上。

忽然,梁启超又辞职了。1914 年 2 月 20 日,章宗祥继梁启超任司法总长,尽管章宗祥在任司法总长前的大理院院长时,已公开表态并不赞成县知事兼理司法,但任司法总长之后,却不能不沿着梁启超的“改革”设想,通过了《县知事兼理司法事务暂行条例》。该法于 1914 年 4 月 5 日颁布,其核心条款是第 1 条:“凡未设法院之司法事务,委任县知事处理之。”我不知道,章宗祥是不是还想抗争一下,他又在本暂行条例中规定了一个“承审员”的制度,把承审员的角色设定为县知事的审判助理:“县知事审理案件得设承审员助理之。承审员审理案件,由承审员与县知事同负其责任。”“承审员以左列人员充任之:一、在高掌审判厅所管区域内之候补或学习司法官,二、在省长所管区域内之候补县知事,三、曾充推事或检察官半年以上者,四、经承审员考试合格者。”“承审员由县知事于具有前条资格人员内,呈请高等审判厅长审定。”但是,承审员只是县知事的部下,县知事才是主审法官,行政官员成了司法审判的主审法官。

梁启超创立的这个制度执行几年之后,也不是没有赞成的声音,但是,就法律人来说,赞成的很少。杨荫杭——这位先生是赞成的。他的意思是,如果有合适的、很擅长的县知事来兼理司法,那不是很好的吗？照这样的逻辑，世界上大抵是不需要制度的——只要人够好，要制度干什么？

更多的人表示批评。谷钟秀在制度出台的1914年指出："以行政兼立法司法之权，其国民亦无不受专制政治之压迫。"更可贵的是担任了知事职务的一位叫杨年的山东官员。尽管梁启超设定的制度让他同时出任了县长和县法院院长。他却并不因私利而忘却公义。作为袁世凯宪法顾问的有贺长雄同样指出："民国之司法制度尚未确定治罪之法，颇有违反约法者。加以晚近使行政官兼任司法官之制度复活，此决非增长民国信用之道。"①

杨年，这位在历史上远远没有留下什么光辉业绩的基层官员说："废司法之独立，扩行政之威权，事实上使人民含冤无诉！""各县知事既兼有司法权，即利用司法权以图行政上之便利，更即以司法权为行政上之一种手腕者所在。"这句话说得真的很好，掌握了司法权的行政官员，必然把司法当成他满足行政统治需求的工具。

① 有贺长雄：《新式国家三要件论》，载《辛亥时期袁世凯秘牍》，中华书局2014年版。

知耻近乎勇：领事裁判权新议

治外法权的重要意义恰好在于启示我们，必须正视制度中技不如人、艺不如人、理念不如人之处，冷眼看到自己制度中的不足之处，知道自己落后在哪里，把制度上的不如人看成真正的耻辱，这样才是有价值的“知耻近乎勇”。

一个多世纪以来，“领事裁判权”等治外法权常常被解读为失去主权的耻辱，意思是，国家不强大，司法主权就不能操控在国人自己手上。从尊严和主权的角度看，从“统一思想”和宣传的角度看，这当然是对的。但是，如果全部解释为这一类耻辱而不及其他，那么，我们就无法从历史中学到真正的经验。

治外法权的重要意义恰好在于启示我们，必须正视制度中技不如人、艺不如人、理念不如人之处，冷眼看到自己制度中的不足之处，知道自己落后在哪里，把制度上的不如人看成真正的耻辱，这样才是有价值的“知耻近乎勇”。

回溯民国早期中国收回治外法权的历史，我们就能知道，民国政府中的一部分人，是把中国在司法方面的真正进步当成中国收回治外法权的理由的。

1919 年巴黎和会，中国方面提出请求撤销领事裁判权案，认为“中国司法改良之成绩固已客观”。1920年政府决定设立法权讨论委员会,“掌讨论关于收回法权之准备实行及善后事宜”。1920年11月6日发布《法权讨论委员会条例》,同日总统特派王宠惠为委员长,张一鹏任副委员长。设委员16人,委员由外交总长、司法总长遴选。1922年华盛顿会议时,中国代表再提出撤废领事裁判权案,经过远东委员会决定组织“撤废治外法权委员会”,由美、日等八国政府派代表调查中国司法现状,作为各国放弃在华领事裁判权的根据。1922年5月20日,政府发布《修正法权讨论委员会条例》,仍设委员长、副委员长各一人,由大总统特派,但委员数目减少为7人,由委员长延聘而非由外交总长与司法总长延聘。这就扩大了委员长的权力,委员会官员向专职化迈进。1922年6月15日,张耀曾被总统黎元洪特派为委员长。

关于改良司法制度和收回法权,张耀曾特别强调详尽考察,进而推动进步。他认为:“虽然大端方针不难决定,但是具体计划却不易拟定,因为具体计划非可仅凭理论,仍须根据现情;而改良之施,亦非可空言制度,要在合乎实际。我国年来事变纷乘,各省司法事务,时有更动,究竟现在各省司法状况是否尽符规制,何者亟应革除,何者宜先举办,非一一实地考察,不足以窥真情而资策画划。”他偕同调查人员于1922年11月7日出京调查十省,每到一处,都对当地司法状况的得失之处进行评析,并广泛咨询讨论改进司法的手段,并搜集资料为日后讨论做准备,对华洋诉讼情形和涉外法律关系尤为仔细探究,力求弄清真相。

与此同时,张耀曾指出此次亲赴各省,“虽以视察司法为职,而于筹收法权情形亦欲广为宣传,冀图共济。故所至遇有机缘,辄事讲演。”张耀曾屡屡演讲,努力使法律界、政界和国民增强改良司法的紧迫感。“改良司法,责在我国”,这里的中国责任,就是要彻底推动中国司法改良,“故我国司法制度及实行情形若无切实改良,与外人以满足,则撤销领事裁判权实少希望也。”与此同时,他呼吁国民对政府改良司法进行良性监督:“改良司法虽为当局之责任,然无国民大声督促,必日流于疲玩;若无国民竭力援助,亦苦于进行困难”。

张耀曾根据数月的司法实地考察,针对当时司法运行中的主要问题,向中央政府提出在当时语境中的改良性建议:(1)拟将全国各厅的审判推事和检察官员额,以各该厅收案多寡为标准,分别配置,审厅约每二十案件置推事一员,检厅除勘验外,约六十案件置检察官一员。(2)拟派送司法人员赴欧美日本实习司法实务案。分三年派送,年送十人,练习期间,以二年为度。(3)整顿司法经费预算案。拟请令各省将各县司法经费,与其他各项行政经费,明为划分,正式列入预算,并将各县各种司法收入,切实核计,一并列入预算,以资整顿。在张耀曾看来,“目前司法状况所以却略多端者,实以财力不足为大原因,盖改革以来,事变纷乘,各省当局对于司法未遑注意,而经费一端尤为漠视。”

张耀曾曾任民国司法总长,任职期间展开过许多司法改革举措。他卸任总长后主持收回法权的工作,其实也成了司法改革的一部分。在1922年年底1923年年初考察各省过程中,凡省会和重要商埠已设正式法院之地,张耀曾都前往考察,指陈得失。这些不一定向中央政府报告,但对地方司法机构来说颇具建设性:(1)正式法院设置不周,人民不能受到平等司法保障;(2)二审法院管辖区域过广,人民上诉不便;(3)各厅人员配置不均,或懒散或案件积压;(4)监狱收容犯人缺乏通盘规划,设施简陋,对犯人缺乏人道关怀;(5)审检程序太过简单,未依照法定程序审理。为与张耀曾在收回治外法权过程中的司法改革建言形成呼应,法权讨论委员会顾问沈家彝以长文就司法机构的方方面面指出具体不足。沈家彝指出,当各国委员即将来华之际,“若不亟图改革,于司法全部,未免贻累。”

秦晖曾经指出:“文化无高下,制度有优劣。”此为极有见地之语。但是,并不是每个时期、每个当局者都有勇气承认自己在制度上的不足。或因坐井观天,或因利益牵绊,不愿承认不足,更不愿弥补不足的人,常用的简单办法是:给不同的制度贴上标签。但问题是,给烂苹果贴上“优”的标签,这是一件能够重复博弈的事情吗?老百姓就像消费者,要么,他还是能自己选出好苹果,要么,他在心里烦透了乱贴“优”字标签卖苹果的人,心里给他们打了许多差评。

杨荫杭公案

莎士比亚说，时间是调停一切争端的老人，这指的是人们对历史的淡忘，淡忘之后，争端就会平静下来。这种平静，并不意味着已经获得相对公正的判决，反而可能把历史当事人的起诉状当成了判决书。

“身后是非谁管得，满街争说蔡中郎。”历史事件发生之后，往往众说纷纭，正如我们常说到的“公众人物的名誉权”这个经典话题一样，身为公众人物，怎么可能挡住悠悠之口？历史人物更加如此，他必须面对历史，又必须承受可能是截然相反的议论，可以接受正读，也必须接受误读和偏读。

但是，接受各种议论是历史人物的肚量所在，历史学家却不能坐视历史人物无休止地接受误读和偏读。莎士比亚说，时间是调停一切争端的老人，这指的是人们对历史的淡忘，淡忘之后，争端就会平静下来。这种平静，并不意味着已经获得相对公正的判决，反而可能把历史当事人的起诉状当成了判决书。借着这个思路，我们来看看 1917 年的杨荫杭停职事件。

1917 年 5 月 4 日，时任京师高等检察厅检察长的杨荫杭逮捕了辞职不久的前交通总长许世英。5 月 9 日，司法总长张耀曾呈请总统将杨荫杭停职。许世英之被捕和杨荫杭之被停职，皆在当时引起大哗。媒体纷纷报道评论。隔了多半个世纪后的20世纪末，杨荫杭之女，钱锺书先生夫人，文学学者、作家、翻译家杨绛女士一篇影响甚广的文章《回忆我的父亲》更平添了本事的当代影响。

杨绛概述本案："他（父亲杨荫杭）在北京不过是京师高等检察长，却把一位贪污巨款的总长（现称部长）许世英拘捕扣押了一夜，不准保释，直到受'停职'处分。《民国演义》上提到这件事，说杨某其实没错，只是官官相护。"杨绛这里所说的《民国演义》述本案部分文字如下："总检察厅且传讯许世英，亦将他羁住看守所。陈许同时被押，可谓无独有偶。司法总长张耀曾，动了兔死狐悲的观念，竟劾检察长杨荫杭，及检察官张汝霖，未得完全证据，遽传讯许世英等，实属违背职务，污损官绅，于是许世英遂得释放，连陈锦涛也保释出来。"

杨绛述本案发生时的细节："我想，父亲在北京历任京师高等审判厅长、京师高等检察长、司法部参事等职，他准看透了当时的政府。'宪法'不过是一纸空文。他早想辞官不干了。他的'顽固不灵'，不论在杭州，在北京，都会遭到官场的'难与共事'。我记得父母讲到扣押了那位许总长不准保释的那一夜，回忆说：'那一夜的电话没有停。'都是上级打来的。第二天，父亲就被停职了。父亲对我讲过：'停职审查'虽然远不如'褫职查办'严重，也是相当重的处分；因为停职就停薪。我家是靠薪水过日子的。我当时年幼，只记得家里的马车忽然没有了，两匹马都没有了，大马夫、小马夫也走了。想必是停薪的结果。"

杨绛述许世英的情况："据我国近代史料，许世英受贿被捕，在一九一六年五月。国务会议认为许世英没有犯罪的证据,反要追究检察长杨荫杭的责任;许世英宣告无罪,他随即辞去交通部长的职务。我想,父亲专研法律,主张法治,坚持司法独立;他小小的一个检察长——至多不过是一个‘中不溜’的干部,竟胆敢拘捕在职的交通部总长,不准保释,一定是掌握了充分的罪证,也一定明确自己没有逾越职权。他决不会顺从国务会议的‘宣告’,不会承认国务会议有判决议。我不知这个案子是如何了结的,可是我料想从一九一七年到一九一九年秋,我父亲准是和北京的行政首脑在顶牛。一九一九年他辞职南归,没等辞职照准。”

2008 年,《听杨绛谈往事》出版,杨绛在序言中指出:“这本用‘听杨绛谈往事’命题的传记,是征得我同意的。……她要求为我写传,我觉得十分荣幸。有她为我写传,胡说乱道之辈就有所避忌了,所以我一口答应。她因此要知道我的往事。我乐于和一个知心好友一起重温往事,体味旧情,所以有问必答。……为我写的传并没有几篇,我去世后也许会增加几篇,但征得我同意而写的传记,只此一篇。”这表明该书内容得到杨绛的高度认可。《听杨绛说往事》的作者对本案的叙述显然较杨绛的前文更为详细,从行文看主要是新增参考了翟国璋寄赠杨绛的《申报》报道。有兴趣的人可以找来此书读读。

杨绛先生是我尊敬的作者,也是许多人致敬的对象,包括许多法律人在内。由此,当这些人,这些法律人读了杨绛的文章,也就把她单方面的、有失片面的陈述(相当于起诉状)当成了最终的结论,把偏读当成了正读:

第一,杨绛所说“父亲在北京历任京师高等审判厅长、京师高等检察长、司法部参事等职”中的“京师高等审判厅长”不是事实。

1915 年 2 月 1 日浙江高等审判厅长杨荫杭获任京师高等检察厅检察长,同日庄璟珂署杨荫杭原任的浙江高等审判厅长。2 月 12 日,司法部确认了尚未到北京就职的杨荫杭之官员级别, 4 月 13 日司法部令尚未到职的杨荫杭先行就职,8 月 2 日,到任的杨荫杭致函前任京师检察厅检察长朱深,表示已然到任且收到朱深交来印信。此后数年,杨荫杭均任京师高等检察厅检察长,从未出任“京师高等审判厅长”之职。至于司法部参事一职,是辞去京师高检长后获得的任命,并于 1920 年 9 月 7 日因病辞职。

第二,许世英在杨荫杭传讯时并不是杨绛所说的“在职的交通总长”,而已经辞职。尽管杨绛可能只是误记,但叙述为在职交通总长采取法律措施,似乎更能凸显杨荫杭的勇敢。

第三,许世英曾任司法总长,杨荫杭任江苏高等审判厅长时,受许世英节制,且二人在宋教仁案审判期间发生过冲突。杨绛对这一点未提及,似乎更能凸显杨荫杭的公正。

第四,许世英是否受贿,在当时并非共识。俟后许世英的这一问题亦未进入法律程序,也就未得到法律确认,但许世英后来仍然出任了政府要职。事实上杨荫杭也只是从媒体上看到报道,而没有许世英受贿的可信证据。杨绛认定许世英受贿,进一步增加了杨荫杭的正义性。

第五,司法总长张耀曾将杨荫杭停职并交由司法官惩戒委员会调查,亦有张耀曾的法学出发点,这一出发点亦得到时任外交部长、著名法学家伍廷芳的理论支持。这些杨绛就更没有提及了。

回到 1913 年,被宋教仁案搞得焦头烂额的司法总长许世英,下了一份措辞严厉的批评通告,斥责江苏省高等审判厅厅长杨荫杭。更将该厅推事张汝霖点名批评,交由杨荫杭处理。许世英说:“本部改组法院,宗旨系谋司法改良,全出以一秉大公,无丝毫因人因地之成,若以该厅长此次之独行独断,杂乱无章,实与本部改良初意,大相剌谬,除张汝霖犯案情形,及董邦干抛弃职守,即由该厅长明白查复外,本部应照《法院编制法》第一百五十九条加以儆告。”

风水轮流转的是,四年以后,卸任的交通总长许世英就犯在了杨荫杭和张汝霖的手上。

1917 年 3 月,许世英担任总长的交通部发生次长涉嫌贪腐的案件,但媒体却把批评的大火烧到了总长许世英的头上。媒体将许世英与涉嫌受贿已进入刑事诉讼程序的财政总长陈锦涛并论,称:“津浦租车案,勾结贪赃,中外侧目,乃仅仅将局长处长撤差,交私党组织之惩戒委员会惩戒,是明明玩弄法律,戏侮公理……陈之劣迹逊许不可以道里计,陈如被罪,而许竟安然,则吾人为天道为公理,均将为陈锦涛叫屈!”言语之间,许世英比陈锦涛罪责更重,更应追究刑事责任。

1917 年 5 月 3 日,许世英辞职,4 日,京师高等检察厅检察长杨荫杭即派由该厅检察官陆澄宙、张汝霖等签发传票拘传许世英。杨荫杭据传许世英的理由,是报纸指出许世英涉嫌贪腐。

杨绛将拘捕内阁大员的杨荫杭称为法治的疯骑士,是有道理的。毕竟,尽管有媒体报道许世英贪腐,但许世英毕竟是大员,其身后有一个大官僚集团,大官僚兔死狐悲,难免不会对杨荫杭进行约束甚至报复。可是反过来说,仅仅以报纸的报道作为据传的依据,是不是过于轻率呢?此时也有媒体对杨荫杭拘传许世英的动机提出猜测,认为本案与前述 1913 年二人的旧怨有关。许世英当年猛烈批评过杨荫杭，杨荫杭此时以怨报怨。这种解释没有得到当事人双方的证实，但也算有一定解释力。

5月5日，国务会议召开，各部总长果然对同僚许世英之被传讯大为震惊，纷纷提出辞职。总理段祺瑞极为愤怒，众问司法总长张耀曾，张耀曾无对，召总检察长问之，亦无对，段祺瑞大怒，要求将杨荫杭查办，并要求立即释放许世英。在这种情况下，张耀曾将杨荫杭停职，并交付司法惩戒。

客观地说，张耀曾的做法有两点不妥。第一，内阁成员集团对于许世英的兔死狐悲，总理段祺瑞对此的大发雷霆，不应该成为他惩戒杨荫杭的理由。第二，他忽略了当时检察官的办案规则中恰好有一条，那就是依据媒体报道，检察官可以拘捕相关涉案人员。

可是反过来说，办案规则里有这么一条规定，不代表规定就有合理性。恰如有一篇当时的评论讲到的那样，媒体的批评性报道比比皆是，如果检察官篇篇在意，那么检察机关不是应该大忙特忙？如果真的大忙特忙，那记者岂不是随时可以陷人入狱？而检察官岂不是权大包天？所以，张耀曾对杨荫杭的惩戒，又代表了一种审慎而清晰的人权观念。对张耀曾的言论和行动，伍廷芳又通过媒体进行了声援。

张耀曾说："窃查侦查犯罪，固属检察官之职权，惟对于犯罪人非有相当证据、较着事实，认为确有犯罪嫌疑，不得施行强制处分、率行传讯、拘押及搜索。此所以尊重宪法，保障人权也。本月四日，京师高等检察厅，将许世英传讯拘禁抄看守所，并搜索其家宅，既未奉令交办，亦无人告诉告发，而又乏相当之犯罪证据，仅以报纸之攻击、议会之质问、道路之传闻为理由。即行传讯、拘禁及搜索,实属意气用事,违背职务。若不加以惩处,恐司法官流于专横,以国家保护秩序之法权,为个人挟嫌报复之利器。”

知名法学家、时任外交部长的伍廷芳就本案接受《中华新报》采访:“今免职交通总长许世英,果依法律而逮捕拘禁乎? 大凡刑事案件,必有人告诉、告发或检察官有真确之见闻,察其有无证据,确有可凭,然后始可逮捕。若以报纸风闻之词,即指为有罪,则无辜被逮捕者将不知凡几矣。……况法律之重,则更未宜任意操纵耳。”

对于张耀曾的惩戒令,杨荫杭并不犯怵,而予以条条回应,写了较长的申辩书,其中最有力的利器,就是当时的《检察执务应行注意事项规则》。这是 1915 年 11 月 22 日,由总检察厅起草、司法部批复的办案规程。该规则“特种注意”之“开始侦查之注意”部分的第 16 条规定:“因现行犯告诉、告发、自首、报纸风闻及其他闻见之事物证明或逆料有犯罪之嫌疑者,应即开始侦查。”据此,杨荫杭以“报纸风闻”为由,拘传许世英,完全合乎规定。

民国时期的大官,并不是一当到底、五十年不变身份那种,而是随时辞职,随时变为庶民。张耀曾就是很快辞职了。撇开张耀曾和伍廷芳的官员身份,则作为学者的他们提出的对于权力专横的警惕,至少和杨荫杭的“依法办事”同等重要。对既有的法条应当进行法治性审读和清理,更有助于建成法治国。

简单来说,不仅杨荫杭拘捕许世英的行为表现出法治疯骑士的勇气,被其拘捕的许世英,当其推进司法改革时,同样执著于法治(事实证明,许世英在交通部贪腐案中确无犯罪行为)。张耀曾和伍廷芳,也算是法治的捍卫者。作为法律人的这四位要员,他们的分歧、博弈,更成了法治的推力。杨绛片面赞扬杨荫杭,只说对了真相的三分之一。

杨绛还有一点表述,应该是夸张了杨荫杭的受害者状况,增加了读者对杨荫杭的同情和敬佩。她说,在杨荫杭停职之后,家里的物质生活很受影响:“我家是靠薪水过日子的。我当时年幼,只记得家里的马车忽然没有了,两匹马都没有了,大马夫、小马夫也走了。想必是停薪的结果。”可事实是,1917 年 8 月 31 日,司法部已经恢复了杨荫杭和张汝霖职务。杨荫杭停职的时间不算长,大约 110 天左右。不仅如此,杨荫杭并没有马上对北京的检察官事业心灰意冷,他在京师高检长的位置上,又继续坐了两年多,直到 1919 年 10 月 7 日才辞职。我们要指出这些事实,才知道散文、回忆、想象、文学描述里的理想状况、“理念人”的状况,和历史的真实状况是有不少出入的。

幸而有史料在。

公民教育

> 总结百多年来的经验教训，我们以为，要想普法，首要在于培育公民的公民意识。所谓公民意识，就是说，公民意识到，自己拥有自然权利，享有宪法规定的公民权，通过选举产生了当地政府，享有基于纳税人身份而带来的主导权。

如何向公民“普法”，如何培育公民意识的问题，实为近代中国立宪时刻的大问题。首先，当时法律体系建立的时间不长，从晚清确定移植西律开始，到20世纪10年代，不过10年时间。对于新的法律体系，不要说公民不熟悉，连司法官也未必精通。其次，从民众的法律基础来看，当时礼的成分在乡间远高于法，30年后的20世纪40年代，费孝通仍然写道：“在乡土社会的礼治秩序中做人，如果不知道礼，就成了撒野，没有规矩，简直就是个道德问题。”最后，从法律传播的媒介看，乡村当时还属于报刊等现代传媒并未到达的地方，几乎没有官方可资利用的有效传播途径。发发传单，贴贴布告，并不能起到真普法的作用。

政府之尊重公民权与公民之维权，实为一对不打不相识的结对冤家。无公民之维权，便无政府之尊重公民权；无政府之尊重公民权，公民维权行动失去了耐心，产生了绝望，也就只有走上革命之路。但公民维权并不是平地一声雷,乃需有法律依据,有法律意识和公民意识,说出法律诉求。由此,不独公民之友,连政府也关心公民如何获得法律常识的问题。

早在1916年冬,北洋政府中央司法会议已对此进行了专门探讨。讨论的过程,因无详细会议记录,目前已不甚可知,但会议提出一份《灌输法律常识案议决书》,已能可贵地记下这些省以上司法领域负责人对相关问题的思考。有意思的是,这个决议,用的竟然是“灌输”这个词汇。看起来,那时的灌输,本属中性词汇,并无贬义的语言色彩。然而,“灌输”一词的词义变了,公民的法律需求,却基本无变化。

议决书开篇指出,法院审判,不能不根据法理,而国人具法律常识者,却是百不得一。于是出现了不熟悉权利义务关系的各种情形。订立合同,要么缺胳膊少腿,要么含混不清,还有想浑水摸鱼、蒙混过关的,实在比比皆是。那么,此时有两种方向,一种是法院向民众看齐,另一种是民众向法院看齐。从后来的历史过程来看,可以说,马锡五在陕甘宁地区采取的就是前一种做法。当时的陕甘宁地区,纠纷不算多,也并不以适用南京政府法律为要求,马锡五以行政负责人的身份兼任了法官,就能从容地走到田间地头,用老百姓能听懂的语言和道理与之沟通,但这种处理方式,不见得具有普适性。这种模式下的法官,对法律到底有多少掌握,我们不知道。但知道的是,过于强调和稀泥,也就使得公民权利的边界变得有些模糊。而后一种模式,当其主张民众向法院看齐时,也就对法官该说什么,民众该知道什么都提出了问题。北洋政府采取的,就是这种模式。

1916年的中国,当事人们显然既不熟悉法律的条文,也不了解诉讼中的具体程序,即便如此,司法会议的司法长官们仍然强调:“今之法官,在法言法,仍不负责矣!”

为此,议决书建议各地编选一本包含基本刑事民事法律知识及诉讼指引的遍览手册,由资深绅士会同晓法人员结合普通公民需求编订,甚至可以收入一些格言警句,以求便公民接受,同时“各县不完备者逐年改良,重新刊入。”就像老黄历那样,成为国人家里的常备品。“流通渐广,无形中俾社会潜移默化。”当公民掌握了基本的法律知识,也就能对不法的司法人员形成监督了。“俾国人能逐渐周知,则书役之无端勒索,官署之非法待遇亦能无形消除。”“不费不强,民不违俗不背法;收效至宏,且无流弊之可言。于司法过渡时代,似颇适合。”在司法会议较为技术化的讨论中,本议决案实为一则小品,无论这条方案是否能收到理想功效,其至少表明,当时参与司法实践的人员,有增进司法人员与当事人沟通的紧迫感。

司法会议强调,如果公民掌握了法律常识,就可以对抗“书役之无端勒索,官署之非法待遇”,这倒是非常有趣。看起来,官府面对公民时,无非依靠两个东西,一个是官府本身的权力,一个是公民掌握的自卫武器,法律亦是自卫武器之一种。官府的权力,如果模糊,则官员必然无限使用;如果清晰且关在笼子里,官员则受节制。

看得出来,1916 年的司法官员们对于公民掌握法律知识是有热忱的,也提出了相应的方法,但这些方法,仍然停留在技术层面。公民掌握法律知识,怎么可能仅仅依靠一本含有法律知识、法律程序和法律格言的小册子——就像老黄历那样的老法书,就能解决呢?总结百多年来的经验教训,我们以为,要想普法,首要在于培育公民的公民意识。所谓公民意识,就是说,公民意识到,自己拥有自然权利,享有宪法规定的公民权,通过选举产生了当地政府,享有基于纳税人身份而带来的主导权。由此,公民应当享受相应的公共服务,应当受到政府作为公共服务提供者的基本尊重。

在此之下,当公民进入法律诉讼程序时,即便并不知道法律,不熟悉程序,也有一种起码的自信心。这就是说,面前的法官,他们应当公正司法,才对得起他自己的薪水——那是从我们的税收而来。

五　四

五四与宪法

极度趋新的一百年过去之后，我们现在回顾起来，忽然发现，百年来的五四讨论史，以及五四一代新青年们，都忽略了五四的真正起点——五四其实起源于宪法讨论。

“五四”运动的一部分，被人们称为“新文化运动”。我们要知道，“新”是20世纪中国最重大的关键词之一。累累不断的情形是，但凡是“新”的、“新派”的，国人总认为是好的。从清末维新、新政到20世纪中后期的“破四旧”，中国人在这个风云激荡的世纪总是崇尚破旧立新。看起来，中国这艘大船，在国人看来更是一艘老船，从材料到发动机，到航向，都太老太旧，必须革新。“新文化运动”从一开始就抓住了“新”字，这就抓住了国人的兴奋点。“新青年”这个刊名的提出，更非常励志，使得社会迅速分化为老旧之人和“新青年”两个人群。而“新青年”们担负了广大“新文化”的使命，这就意味着他们的职志就是要向旧文化开炮。

极度趋新的一百年过去之后，我们现在回顾起来，忽然发现，百年来的五四讨论史，以及五四一代新青年们，都忽略了五四的真正起点——五四其实起源于宪法讨论。

当陈独秀在上海创办《青年杂志》时,其影响力还在积蓄,这份杂志真正做到了洛阳纸贵,还在于创办的第二年即1916年改名为《新青年》之后。改名之际,正是袁世凯去世,黎元洪—段祺瑞政权重提制宪之时。

宪法在民国建政之后,是一个难产的贵婴。南京时期通过的那部《临时约法》,顾名思义是等待正式宪法来临的"临时工"。其条文本身已经宣布:本法施行十个月,须召集国会,通过国会颁布中国民国宪法。在制宪过程中,随着作为暴力革命与独立战争之综合体的"二次革命"的爆发与结束,本来有希望"转正"的"天坛宪草",因为袁世凯与国民党的决裂而流产。随后,袁世凯去世,制宪重开。看起来,那时的政治家们有一点很可贵,那就是他们非常重视宪法制定,他们将此视为权力分配的分配状,以及重要政治主张的宣言书。一时间,朝野遍谈宪法,煞是热闹,《新青年》也冲杀进来。

《新青年》选择了进攻宪法制定中的"孔教入宪"条款。如本文前文所说,"孔教入宪",或者说"儒家入宪",乃是康有为和他的学生陈焕章在民国制宪之初提出的一项宪法建议,倡导在宪法中奉孔教为国教。奉为国教,总体而言,确与信仰自由抵牾,但是,"天坛宪草"将其界定为"国民教育,以孔子之教为修身大本",则有一定的合理性。当然,这是个值得辩论的问题,也的确激起激辩。

《新青年》所批评的"旧文化",大抵就是"孔教入宪"之论。平心而论,如果新文化运动都像陈独秀这段话的风格一样,来谈些问题而不是彰显主义,则这个运动必有建设性成果。陈独秀说:以什么作为教育大本,各国宪法并没有这项武断专横的规定,而孔子之道是不是适宜于民国教育精神，还是第二位的问题。宪法是全国人民权利的保证书，不能专门为优待一族、一教、一党、一派之人而发挥其作用……“况挟堂堂国宪，强全国之从同，以阻思想信仰之自由，其无理取闹，宁非奇谈！”①尽管陈独秀的话太过刚烈，用“无理取闹”这类语言色彩过于明显而不够平和的词汇，毕竟这还算是正式的讨论。而接下来，陈独秀们就转向了“打倒孔家店”。在他们看来，不仅要阻止孔教进入宪法，而且要在事实上打破孔子之教的社会职能和儒家传统。毫无疑问，这成了反传统的肇端。

“新文化运动”从宪法讨论开始，但是很快转向非宪法的内容。在《新青年》的文章里边，看不到多少关于民主制度建设、法律条文研习、权利意识培养的讨论，而是喊出了“打倒孔家店”与“德先生和赛先生”的口号。孔家店是不是与科学和民主毫无兼容之处，这里不做讨论，我只想指出的是，历史的不公平之处在于，大抵是“五四”的名声太响，以至于人们竟然觉得“科学和民主”来自五四的首倡。而新文化运动的社会背景中，科学与民主都极度匮乏，如果不是新青年们振臂一呼，科学与民主将更加不振。

面对当时伍廷芳、汤化龙、吴景濂、王宠惠、余棨昌们正在进行的制宪、选举和司法建设，五四一代在谈论罢孔教入宪之事后，就较少介入讨论。也就是说，对于现实中的法政事宜，五四新青年们不满意其现状，但又不屑于讨论，某种程度上还可以说，他们在这方面，知识累积也还不够。然而，五四新青年们又举起了民

---

① 《宪法与孔教》，载《新青年》(1916 年)第 2 卷第 3 号。

主大旗。我们想问,是不是撇开法政建设,能找到民主的新路径,去往民主的光明顶?答案当然是存疑的。李泽厚二十多年前著名的文章《救亡与启蒙的双重变奏》于此的论述当然是错误的:“皇帝没有了,‘学而优则仕’的旧封建路途不再那么正规,但政局一塌糊涂,思想异常混乱,控制相对放松,意识形态似乎成了空白。一方面,旧的体制、规范、观念、风习、信仰、道路……都由于皇权崩溃,开始或毁坏或动摇或日益腐烂;另一方面,正因为此,强大的保守顽固势力便不断掀起尊孔读经、宣扬复辟的浪潮,想牵引局面恢复或倒退到‘前清’时代去。对知识者特别是年轻的知识一代来说,国家和个人的前景何在,路途何在,渺茫之外,别无可说。”①李泽厚显然没有注意到民国初年政治家们在制宪、立法和推动选举上的努力,也过于敌视旧秩序捍卫者们的保守努力。而忽略了这一点之后,李泽厚犯的不过是学术上的错误,五四新青年是陷入了真迷惘。显然,放开现实中的可行性尤其是宪法性做法,试图去凌空蹈虚地创造理想中的民主与科学,是不行的。科学和民主,应当站在时代的土地上,以尊重宪法精神和法政实践的态度去做。

余英时曾经说:“中国古典文化中缺乏作为政治与法律概念的‘自由’,但是却到处都弥漫着自由的精神。儒家固然重视群体秩序,但基本上仍然肯定这个秩序出于个人的自由选择。”但近日在一篇文章中,余英时又指出“‘五四’新文化运动正式提出了科学和民主两大理想,作为中国现代化的终极目的”云云。我以为,

① 李泽厚:《救亡与启蒙的双重变奏》,载《中国现代思想史论》,东方出版社1987年版,第8页。

余英时的这两段话过于遥远。在余英时的这两段话之间,应当置入尊重宪法和法律、尊重正在进行的法政实践并进行良性推动的内容,把中国曾经拥有的自由精神与西方自由精神的精韵与法理融合。这的确是通向中国新政治秩序的良道。真如此,则如果我们认同“德先生和赛先生”是五四的首创,也还是能找到实现德和赛的稳健道路。

作为法律事件的五四

在事实上讲，试问这几年，哪一件不是借着“国民意思”四个大字，不受法律的制裁，才闹到今天这个地步。

90年来，关于“五四”的叙述与讨论多得不能胜数，但鲜少论及“五四”里的法律问题，或者将“五四”视为一个法律事件。

倒是1919年9月，由蔡晓舟与杨亮功编辑的我国第一部“五四”运动史料《五四》一书，在区区十万字的篇幅里，收入数篇当时的报章研讨“五四”法律问题的文章，并单辟一节“关于法律问题之舆论”。可见，在当时，不论是报章文章的撰写者，还是《五四》的编撰者，“五四”的法律问题都得到了一定的关注。

讨论涉及两个方面：其一为集会自由的行使，即与此关联的宪法条款是当时的《中华民国约法》第5条第4款：“人民于法律范围内，有言论、著作、刊行，及集会、结社之自由。”其二为《五四》所说的“赵家楼之武剧”，纯以法律论，这至少抵触了《中华民国临时约法》第5条第2款：“人民之家宅，非依法律，不得侵入或搜索。”

在《五四》里，“赵家楼之武剧”惊心动魄，“当时群情激愤之际，将其门旁之窗打破……群遂蠢拥而进”。“曹汝霖以造孽卖国之钱购来种种穷奢极欲之器皿，莫不归于毁坏，其有不能毁坏者，则沉于园内池水中。”……“正纷乱间，忽宅中火起，众始夺门而出。”但在《五四》编撰时，“曹宅起火之缘因不明”，有群众泄愤、曹氏眷属放火欲惊散众人、群众误损电灯、曹宅仆人趁乱窃物而放火灭迹四说。后来的出版物当然揭开了这个谜团，一般认为就是与罗章龙等数人最早闯入赵家楼的匡互生。罗章龙的回忆录《椿园载记》还指出去赵家楼亦非偶然，而早有规划。对此一事件，罗章龙数十年后自未从法律的视角来看，而说：“‘痛打章宗祥、火烧赵家楼’的行动毕竟在社会上产生了效果，卖国贼的气焰低落下去了，反动政府也着了慌。”

“赵家楼之武剧”后，学生纷纷归去，《五四》说：“落后之三十二人被军警捕去”。那么，如何看待学生的行动与这32名同学的被捕呢？《五四》里的“关于法律问题之舆论”对此做了分析，尤其是梁漱溟、蓝公武和康有为的文章，三种视角，耐人琢磨。

梁漱溟的表达很是清楚，他说：“我算是北京大学的一个人，这一次被捕学生中间，也有我的熟友。”但他的主张是：“我的意思很平常，我愿学生事件付法庭办理。”他说：“在道理上讲，打伤人是现行犯，是无可讳的。纵然曹、章罪大恶极，在罪名未成立前，他仍有他的自由。我们纵然是爱国急公的行为，也不能侵犯他，加暴行于他。纵然是国民公众的举动，也不能横行，不管不顾。绝不能说我们所做的都对，就犯法也可以……在事实上讲，试问这几年，哪一件不是借着‘国民意思’四个大字，不受法律的制裁，才闹到今天这个地步。我们既然恨司法官厅，不去检举筹安会，我们就应当恭领官厅对于我们的犯罪的检举审判。”

康有为在致政府电里表达了他的看法。康有为先斥责曹、章

"力行卖国","举国愤怒,咸欲食其肉而寝其皮","国民所视为奸邪蟊贼,然政府倚为心腹爪牙,托为牙人经纪"。"幸今学生发扬义愤,奉行天讨,以正曹汝霖、章宗祥之罪。举国逖闻,莫不欢呼快心,诚自宋大学生陈东、欧阳澈以来,希有之盛举也。……学生此举,真可谓代表四万万之民意,代伸四万万之民权,以讨国贼者,孟子所谓国人皆曰可杀也。"康有为论证说:"夫今之中华,号为民国……其法律生杀,以民意为主,非如专制时之以政府为主也。在今政府或上承从前专制政府之旧,或以学生擅殴大僚为应有之罪,而忘今之为民国政府,只有奉行民意而不得专擅也。自有民国,八年以来,未见真民意、真民权,有之自学生此举始耳。"

康有为最后发出号召,要求全民公决:"今布告吾全国四万万民,如有学生此举为不然者,若得多数,则学生宜依常律罪之;否则,学生为代(表)吾中国民意,以公共诛卖国贼者。吾全国人宜急起以救被捕之学生,而请诛卖国贼,政府宜亟释被捕学生,而诛卖国贼。"

在 1919 年的语境里,梁漱溟的上述讨论,具有一种法治天分。梁漱溟清楚看到权利、社会秩序、正当程序的重要,而对于群体行动的优越心理抱着极大警惕。但在其时,法治先知的梁漱溟却徒然孤独。

蓝公武强调群众运动几乎绝对的正当性,并以为从技术上来说,群众运动即便产生法律问题,也无法追究责任。而他所讲的由于全体无法追究责任,故追究少数便是"冤枉"的理论,近于狡辩。蓝公武也使用了宪法权利的分析工具,但在他看来,作为宪法权利的公众示威,是可以使用暴力的——他没有描述暴力使用的限度,但显然他将此过程中的伤亡视为必要的代价。蓝公武几乎把“示威”理解成了暴力扬威。蓝公武不曾意识到,宪法上的自由,其实应是一种和平的自由,或应是一种和平使用的自由。

康有为的文体与观点,一似古人,却又杂糅现代宪法术语。在一番以忠奸之辨的古代政治伦理术语探讨,进行“卖国贼”当“食其肉而寝其皮”的慷慨陈词后,他在话题里引入“民意”“民权”的现代术语,同时论定“学生此举,真可谓代表四万万之民意,代伸四万万之民权”。旋即,在政府与民意的问题上,康有为提出独特看法。“法律生杀,以民意为主”,他的看法远比广场司法更相信弥散的群众民意,而不考虑民意的程序化表达,不考虑民意收集的技术难题——民意可以直接代替行政,代替司法。在本起事件里,如果民意认为可以殴打大臣,那么政府应顺应奉行,这才是“民国”;政府不奉行,就回到了“专制政府”。康有为更提出对于学生行为定罪与否的全民公决。如果多数同意,就可以定学生之罪;如果多数不同意,就需要“释被捕学生,而诛卖国贼”。康有为在这里没有解释“诛”的含义——事实上“诛”的两种基本含义,差别太大,第一种是“责讨”,第二种却是“诛杀”。康有为的这些见解,独特而不符合现代政治学与宪法学的基本原理,也很难说具备行政学上的可行性。

三人俱为当时的优秀知识分子或曰公共知识分子,从上述梁漱溟的孤独、蓝公武的强辩、康有为的古今杂糅而又有些混乱来看,第一,“五四”尽管是一个观念开放的大启蒙时期,“德先生”还号称是“五四”的两大先生之一,但其时人们对民主的认识,还不在现代政治学和宪法学的意义上,强调群体运动的正当性,尊重群体激情,还是主流。人们对建立在民主与人民主权理论上的公民与政府关系,也很难说有基本的理论共识(林毓生云,共识是辩论的前提)。第二,更严重的是,法治理念相当缺乏,梁漱溟虽有天分,却大在非主流之列。在全社会,包括公共知识分子在内,大部分缺乏公民和法律观念教育的环境里,不能指望人人有通明法学的天分。欠缺或者半正半误,才是基本表现。而法律不能成长的时刻,就是激越成长的瞬间。第三,以“改良”著称的康有为,在这里的词句,可以说没有半点“改良”风度。看起来,拥有真正的“改良”观念,并非易事。公共知识分子评述法律问题而处处彰显暴力(如康有为的“诛”)以及反程序的政治行动,会令他的“改良”理论成绩大大失分,更不用说可能在实践上带来灾难。

更值得我们注意的是,“五四”以来的90年里,尽管“五四”变成一个常用语,变成一个老话题,又时时生出新话题,但人们极少论及作为法律问题的“五四”。“五四”研究里法律研究的缺失,表明90年来关心“五四”的知识分子,并没有太绷紧法律这根弦。

“五四”之法律问题的相对不复杂,似非原因。即便简单、基本的事实,因在大事件中,亦有必要还原和探讨之。事实是,一直以来,这个问题还缺乏老吏判案般的清晰叙述。无人越过90年的烟尘,爬梳出“五四”的法律档案,并以当时的法律文本来做分析。

进一步,对“五四”要在法律理论层面探讨之,才能让我们更明白需要警惕什么、反省什么和避免什么。“五四”过去90年,梁漱溟那些讲了基本法理的话,不但被大家“不谓然”,更是遗忘了。90年来,每遇群体性事件,人们总是不能在相关法律条款及其他关于社会秩序条款的竞合里找到均衡。作为现代中国重要开创事件的“五四”,它在群体性事件里的这种开创性不容我们再忽视。

宪法下的集会自由、和平、秩序、私权、程序,需要现代政府和现代公民通盘考虑。于是,我们虽然不认为康有为的讨论符合现代法学理论,但仍然尊敬他对政府限权的吁求;于是,我们还要认同蓝公武使用了宪法的分析工具。我们更要记得梁漱溟的劝告:纵然曹、章罪大恶极,在罪名未成立前,他仍有他的自由。我们纵然是爱国急公的行为,也不能侵犯他,加暴行于他。他在这里强调了“坏人”的权利,强调了对于动机崇拜的警惕。无论如何,在当代中国仍然没有形成关于这些朴素观念的基本共识时,我们的确还需要“缺什么补什么”。

从五四看宪法自由

我们就知道，就公民来说，即使在广场，即使身为带着学生光环、接续五四传统的年轻人，也必须自省自己正在行使的权利。而作为社会公众，也要了解到，集会自由的意见，不一定都是对的，不能因为是学生运动，就有了天然的正当性。

集会自由是重要的宪法权利，这是世界各国和各地的宪法通例。

集会自由的主体是谁？是公民。享有公民权的公民，有权利集结起来。请注意，这里的公民是无关其身份的，各种职业、各种阶层的人都可以，每个公民在行使权利的过程中，资格都是平等的。

这本来是个简单的道理，但是，在实践中，人们的认识似乎没这么清晰。最明显的例子，就是“学生运动”。

东汉时，已有太学生运动。那时的太学生，相当于台北的台大、北京的北大学生，是为最高学府学生的请愿，被认为是担当了民众的公意和公益。宋代太学生的学运亦灿然在史。近代以来，“公车上书”是为典型。所谓公车，是接送举子们的公派车辆，公车上书，就是举子们集合发声。在宪法文本和宪法概念缺失的历史年代，太学生和举子们的呼声试图拯救天下衰亡，素为政府所不喜。清世祖也即顺治皇帝在相当于太学的国子监立碑，对其学生们做了苛刻要求，强调："军民一切利病，不许生员上书陈言，如有一言建白，以违制论，黜革治罪。""生员不许纠党多人，立盟结社，把持官府，武断乡曲，所作文字，不许妄行刊刻，违者，听提调官治罪。"不许学生议政，不许学生聚合，以无限政府为追求的专断政权，无视集会自由至此。

这种局面，随着20世纪的到来而大变。早在1903年，京师大学堂学生的"拒俄运动"就以第一场学潮的先声，确立了20世纪学生运动关心国是、严批政府的基调。与此同时，当国内学潮在清政府压制下难以伸张时，驻东京的留学生也频频聚集，成为学潮示范。到了1919年，一场五四运动更以民主、科学、爱国、反传统、文学改良的多重色彩，确立了学生运动的某种神性。可以说，自那时起，学生运动已经成为历史教科书的宠儿，凡是学生运动，必为历史学家称道，必然具有天生的正当性，而基本忽略了学生运动中可能的不妥之处。

需要指出的是，早在京师大学堂拒俄运动之时，清廷的立宪活动尚未开启，集会自由尚不在宪法文本当中。而五四之时，民国成立已八年，人们应当而没有在宪法权利这个层面审视学生运动。这就是说，学生们行使的是宪法权利，但历史学家认为他们行使的是类似于"超级宪法权利"。

在20世纪初学运的黎明里，著名知识人是很少论及对学生运动中可能的不妥之处的，梁漱溟和胡适是两个例外。梁漱溟的讨论见前文。

至于胡适，比较明显的一次是1935年"一二九运动"之时。

按照余英时先生的梳理,12 月 10 日,胡适“到学校,知道学生要罢课,真是幼稚之极”。于是胡适“忙了一天,不知道能挽救否”。同日,胡适收到学生来信,学生道:“胡先生,我们深切地明白了你的人格!你的人格连一个无知的工友都不如!只有用粗野的手段对付你才合适!你妈的,难道华北卖给日本以后,你还能当北大的文学院长吗?”12 月 13 日,胡适来教室上课,“上午约有三十人,下午约有十五人”,对这些特殊时期坚持来上课的学生,胡适颇为欣慰,他当场称赞,来上课的学生的“独立精神是可爱的”。但到了整整一周后的 12 月 20 日,“下午重到大学,只有周祖谟一人来上课!”

看得出来,梁漱溟是从法律、权利和秩序的角度,对五四运动提出了自己的看法;胡适是从学生社会角色的角度,表示了对学运的不赞成。正如余英时引用过胡适引用过的易卜生的话来做的解释那样,“你要想有益于社会,最妙的法子莫如把你自己这块材料铸造成器。”学生的首要任务是把自己铸造成器,而不是当社会的引领者,更不是当圣王式的领导者,当一次性就能拯救苍生的超人。梁漱溟和胡适的言论,使我们在高度肯定 20 世纪学运的历史作用和公民责任意识,高度致敬学生们的同时,也自我注射一针清醒剂。

集会自由是公民的宪法权利,既然是宪法权利,就有权利的边界,这个边界就是基本的社群秩序和他人作为公民个体的权利。权利既应当受到宪法和法律的保护,也应有基本的约束。与此同时,集会自由作为权利,是指公民有集会的自由,至于集会自由的内容,并不必然带有绝对正确的意味。一个例子是关于同性恋者的权利。集会自由的人可以赞成同性恋,也可以反对同性

但到了整整一周后的12月20日，“下午重到大学，只有周祖谟一人来上课！”。

恋,还可以就同性恋进行辩论,但是,不能说如果为了同性恋而集会自由,则同性恋就一定是正确的,是全体社会都非接受不可的。明乎此,我们就知道,就公民来说,即使在广场,即使身为带着学生光环、接续五四传统的年轻人,也必须自省自己正在行使的权利。而作为社会公众,也要了解到,集会自由的意见,不一定都是对的,不能因为是学生运动,就有了天然的正当性。要能听得进去不同意见。

我们要反思,我们是不是像我们批评的对象那样带着"骄娇二气"?我们要审视自己——是否正在行使某种程度上的无限权利或超级权利?

中国官方的历史教科书上写了许多20世纪上半叶的集会自由事例,教科书对这些集会自由大加赞赏,以至于形成一种集会自由崇拜。作为宪法权利,集会自由理应受到法律和宪法的保护,但是,过度崇拜集会自由,又可能使权利的行使脱离轨道,亦为不妥。

从本质上来说,集会自由是,也只能是表达性权利,也即广义上的表达自由。只不过,集会自由是一种立体的、身体的、人与人联合起来的,要求公共空间作为配合的表达自由,与常规意义上的书面表达自由不同。但是,正因为都是表达自由,所以,从气质上,二者有许多共同之处。集会自由是表达性权利,这是被20世纪上半叶的许多集会自由人士忽略的,当代的官方教科书也没有朝这方面做过思考。

正因是表达性权利,集会自由应倡和平气质。看似书面表达是一篇篇独立的文章,一个个单个的表达,但实际上,几乎所有的书面表达,都呈现为集群。几乎所有媒体呈现的都是集体的声音，是一个个观点的联合体。我们知道，文字本身是不会打架、不会伤及肉体的。就像金庸再写剑气如何伤人，我们的身体也不会被书里的剑气所伤。文字伤害到一个人的最高境界，是强烈的侮辱或中伤，但一定不是实体、加诸于肉体的暴力。集会自由，无非是把书面的共同发声搬到了现实生活中，但是，请注意，即便人与人实体地走到了一起，集会自由却不能因此就生发出肉体暴力的意蕴来。集会自由依然应当秉承、借鉴书面表达的和平气质，首要做到的就是“君子动口不动手”，不是以拳脚相加，而是以大声嘶喊，以不超过公共场合分贝要求的嘶喊，以张拉的横幅，或者，最多以自己的身体行为，来表达自己和大家的观点，而不能加害于公私财物和人身。

应倡理性气质。表达自由当然包含着情绪化表达的必然内容，否则，太过一本正经的理性化岂不是成了约束公民的枷锁？公民一定可以表达强烈的情绪，但这不意味公民只应当表达情绪。过分骂街水平的话，如果出现在表达自由的平台上，一定不能造就媒体的公信力。所以，理性、理智、清晰、创新的表达，总是受到媒体，最终受到受众的欢迎。集会自由对于理性的要求就更高。通常来说，集会自由，尤其是受到媒体高度关注的集会自由，不会是无厘头的聚会，而是针对某个严肃问题表达看法。集会自由不是不能集体宣泄，但是表达严肃问题的集会，应当展现出有一定水准的理性化的关切和对某个问题的深入看法。耗时太久、表达过于单一、不够深入，或者带着过量情绪的集会，会耗散维持秩序的社会资源，最终其实是由全社会来埋单。

应倡协商气质。协商气质，其实也就是两种心态的叠加，一种是致敬心态，另一种是谦逊心态。所谓致敬心态，就是尊重现存的社会秩序,尊重公共利益和个体权利,尊重前辈们为了搭建政治法律秩序进行过的艰辛劳动。集会自由如果不是单纯表达意见,而有明确的、具体的诉求,那么,行使集会自由的公民们也不能彻底压制和代替立法机构、行政机构和司法机构作出决定,而是促使他们做出较好的决定。这就好像司法和舆论的关系一样,司法应当公正,应当服从的是事实和法律,而一定不是汹汹民意,何况民意并不能准确捕捉。民意只能成为让司法更公正的压力,而不是成为司法的裁决者,代替司法机构作出判决。同样,立法机构和行政机构的决定做得好或者不好,有选民通过选举和其他方式来监督。立法机构和行政机构是民主的成果,我们不能像修理工那样拆掉,自己重塑。所谓谦逊心态,就是对自己的理性怀着深深的自省,能勇于反思自己不足。想想是不是自己的知识储备、情绪和视野决定了自己的意见并不是百分百正确?谦逊,不是要让集会自由的当事人说自己是错的,而是说,从理性有限的角度进行自我审读,避免因过于自高自大、过于刚猛而带来对周边社群甚至整个社会的负面影响。尽管在大型集会的场合行使集会自由时,我们总觉得这就是历史时刻,我们总想成为历史人物,但是,即便是顶尖的历史人物,他对世界的改变也没有想象中那么大。地震、战争和大规模冲突可以在一夜之间摧毁世界,神却也做不到一夜之间建起世界来。致敬和谦虚组合为谦逊气质,谦逊气质就既为权利而奋斗,既保卫个体,也主张君子和而不同。

作为宪法上的权利,作为表达性权利的一种,集会自由也是受到约束的,它是一种天下兴亡匹夫有责的民众担当心态,又不能被神话。在除魅之后,集会自由就是需要按照内在的法理和气质,在宪法和法律之下行使的权利。

与陈独秀论爱国书

我想，假使中国人都体悟到这一点，我们就能更好地体悟到什么是爱国——那就是爱一个制度完善的国家，爱一个在较好制度之下的道德装款有所转变的国家，爱一个在道路选择上更加理性从容的国家。

独秀先生：

百年以降，重读先生1916年10月1日写成的《我之爱国主义》一文，犹能感受到先生的苦痛与希望。更重要者，先生所谈诸事，仍可与国中现状一一对应。

您在文中，提到了三个中国的核心问题。

第一个问题是，什么是真正的爱国？在您看来，“强敌侵入之时，则执戈御侮；独夫乱政之际，则血染义旗。卫国保民，此献身之烈士所以可贵也。”泣血流血，守护大好河山、祖宗丘墓，固然可贵，但，这是一般人眼中的爱国，却不是您心目中的爱国。国家困苦艰难之时，外迫于强敌，内逼于独夫（以您的标准，凡是逞权而不顾及国中舆论批评者，都可归于“独夫”的范畴），但在您看来，这却不是热血烈士为国献身的时代。因您觉得，中国之所以身处独夫强敌的压迫之下，其实是民族公德私德的堕落造成的。

独秀先生：百年以降，重读先生1916年10月1日写成的《我之爱国主义》一文，犹能感受到先生的苦痛与希望。更重要者，先生所谈诸事，仍可与国中现状一一对应。

所以，少数难能可贵的爱国烈士流血救国，不是根本性做法，只解决表面问题。这样的流血，不仅不能拯救国之将亡，而且将看到“吾种之灭”。由此，您的版本的真正的爱国，“不在为国捐躯，而在笃行自好之上，为国家惜名誉，为国家弭乱源，为国家增实力。”

第二个问题是，什么是中国之病？从根本来说，您眼中的中国之病，就是公德私德的彻底堕落。具体来说，表现为武人乱政、国库空虚、产业凋零、社会腐败、人格堕落、官吏贪腐、游民盗匪之充斥、水旱疫病之流行。这些堕落，这些病症，都有可能带来“国亡种灭”。您说，海外人士讥评吾族，曰“好利无耻”，曰“老大病夫”，曰“不洁如豕”，曰“游民乞丐国”，曰“贿赂为华人通病”，曰“官吏国”，曰“豚尾客”，曰“黄金崇拜”，曰“工于诈伪”，曰“服权力不服公理”，曰“放纵卑劣”，对这些锐利的批评，我们没有办法不低头承认，因为这些人说得尖刻，但说是事实。在您看来，国之民德、民力，如此低级，如此在一般水平之下，就像磁石吸引铁针，不能不使鄙视我们的更加鄙视我们，“其国家无时不在灭亡之数”，在您看来，中国的病症如此退化，如此堕落，“有何颜面，有何权利，生存于世界？”

第三个问题是，什么是中国道路？您对袁世凯和北洋派军政人物嗤之以鼻，在您看来，吃军饷，捞民财，为黄金所驱使，盗财物，窃宝器，同时诈伪不诚，实为此类人物本质。您对当时的革命派也怒目以向，在您看来，理论上应当成就高尚事功、富于牺牲精神的革命人物，无非也变成贪吏，或以巨绅自居，强取豪夺，满载而归，演丑态，作罪孽。由此，您说，面对这两路人物，就能理解，为什么外人说法兰西革命是悲剧，而华人革命实为滑稽剧。

您文章发表时，正是袁世凯去世、国家面临新变化的前夜。

蔡元培先生已掌北大,而您将赴北大担任文科学长。如果按照今天人们的理解,去众人瞩目的最高学府出任文学院院长,无论如何是件喜气洋洋、弹冠相庆的事。而担任文科学长之后,其职责似是谈谈诗经,说说世界一流大学的文学院该怎么创建。但您的笔下,全无喜气,全无对中央的感谢和对中央政策的解读与追随,也不想多谈学术,而充满了悲愤之气,又充满茫然之感。

1916 年 10 月 1 日的您,完全猜不到 1 年后俄国“十月革命”之发生,更猜不到 3 年后有“五四”运动之发生,然而,先生心里却甚是急切,字里行间,您期待一场大型的道德革命和超越辛亥模式之革命的爆发。

我对先生的风骨和您的拳拳之心很是敬佩。但我想告诉您的是,距您发表本文 98 年之后,您说到的各种中国之病,许多不足,似乎依然存在,贿赂、黄金崇拜、“好利无耻”、“服权力不服公理”,还是痼疾。官吏的权力依然极大。“工于诈伪”、“放纵卑劣”,常常是涉贪官吏被调查之后,官方媒体对该涉贪官员的评语。不知听到这 98 年后的状况,您心中有何感想? 会不会更加惊讶、愤恨?

是的,有些情况还这么糟,这表明百年来,在道德的某些方面,中国的进步太小,而进步空间太大。对此,一方面,我们应当有足够的抱怨和更多愤懑,另一方面,却也借此思考,是什么出了问题,使作为知识人的我们总是那么着急,又那么无奈。我们的结论是,对道德问题无比关注的中国人,上千年以来的口头禅就是“世风日下”,每个时代的君子都这么说。假使千年都不变,我们就得承认,关于道德,要么是我们对他人要求太高——就像《儒林外史》讲到的那样,清流总是把自己看成君子,而把世人都看成小人；要么就是我们的环境有问题，培育不道德的土壤太肥沃，滋养道德的雨水又太稀少。

我想起在您之后的美国经济学家加尔布雷斯提到的“必要之恶”。必要之恶，指的是一个社会存续过程中，不得不容忍的不足甚至罪恶。在我看来，“必要之恶”，更应该叫“无奈之恶”。无奈之恶，就是在连续状态下的人类永远都解决不了的缺陷（解决了一个，又生一个），这种缺陷，根植于我们的自利本性和理性有限的本质。我想，我们想解决您提到的那些中国之病，重要的就是拿出“五十年不变”、“一百年不动摇”的耐心来容忍这些“无奈之恶”，而又拿出改变环境的具体办法来。

要找到具体办法，这就涉及您提到的中国道路的问题。您对当权者和革命者都极为鄙夷，我理解，您的意思是拿出更激烈的革命办法。可是，更激烈的办法就一定会奏效吗？所以，重要的是，不论在您的时代，还是在后来的中国，都应当在当权者、革命者，以至于更激烈者之间找到共识，找到公约数。

公约数是什么？我想起林毓生先生概括过的早期“五四”的基本观点，其实也是您陈独秀先生的观点：国家的目的是“保障人权，共谋幸福”。把道德问题和国家发展问题放到这个维度来评论，就会看到，有些道德问题之所以发生，无非是因为制度安排没有做好，对当事人的人权不够尊重，对人的基本需求（无所谓善恶，但关乎人权）照顾不周，或者对公共幸福的考虑有欠缺，又对基本的人性之恶过于乐观。我们认同这种观点。但是我又想指出，所谓早期五四的主张，又不是您和五四人物的独创。假使您当时宋教仁、杨度等人有基本的尊重和认同，或许您也可以与他们在人权和国民幸福方面形成对话。

您晚年历尽沧桑之后,在江津县指出:“民主政治的真实内容是:法院以外机关无捕人权,无参政权不纳税,非议会通过政府无征税权……等等,这都是大众所需要。”我对此更加认同。我想,假使中国人都体悟到这一点,我们就能更好地体悟到什么是爱国——那就是爱一个制度完善的国家,爱一个在较好制度之下的道德装款有所转变的国家,爱一个在道路选择上更加理性从容的国家。

晚辈　董彦斌敬上

与顾颉刚论中华民族书

> 我特别同意您说的——中华民族是一个，这个中华民族的民族才是唯一的“nation”。从“民族自决”的理论出发，并不能导出“ethnic group”可以“自决”以至“独立”的结论。

颉刚先生：

首先祝贺您的全集终于在三年前出版。最近几年以来，我不仅从您的著作中受益，也常常从您帮助出版的友人中受益。您受人之托，总念念不忘，晚年以不能实现早逝朋友的嘱托而遗憾，真是“一死一生，乃知交情”。您对学术和世间真问题，也像对亡友一样真诚。前几日读余英时先生从您日记中勾陈出的一段恋情，我感到有些不愉快。不是我不想知道“名人私生活”，而是我觉得，您的许多看法，如果没有这些夺人眼球的外包装，是否就永远尘封？譬如您论证过的“中华民族是一个”的理论。

您是五四人物，但又与作为五四运动积极参加人的热血青年们不同。他们热爱街头运动，而您更喜欢书斋。但是，到了国难关头，您依然呈现爱国者的风范和风骨。20 世纪 30 年代，抗战烽火将燃时，您没有安坐书斋，而组织通俗作品宣传社“三户诗社”，取“楚虽三户，亡秦必楚”之意，撰写许多打油诗，发送许多传单。

正因心里累积着此种对国族的热忱。

1939年,战争已连30月,您撰写了《中华民族是一个》的文章。文章的开篇,您说:收到一位老朋友(即傅斯年先生)的来信,抱着一腔爱国的热忱写了好多篇幅,大意是说:"中华民族"是一个,这是信念,也是事实。我们务当于短期内使边方人民贯彻其中华民族的意识,斯为正途。夷汉是一家,大可以汉族历史为证。即如我辈,北方人谁敢保证其无胡人的血统,南方人谁敢保证其无百越、黎、苗的血统。今日之西南,实即千年前之江南、巴、粤耳。

墨子说:"圣人能以天下为一家,中国为一人。"您赞赏这种大度。在您看来,墨子的这种看法,即是古来中国人常持的态度。春秋时的许多蛮夷,战国时都不见了,非绝种也,乃是与中原诸国合为一体。以您的顾姓为例,顾姓为江南旧族,想来没有人不承认是汉族,但在周秦时期,顾姓却是断发文身的百越之一,住在闽浙海边,不与中国同。汉初东瓯王心向汉朝,子孙被赐姓顾,乃有了东汉顾综,三国顾雍,顾家不再是越民族,而是中华民族的一员了。"中华民族是一个",您说,"这话固然到了现在才说出口来,但默默地实行却已有了二千数百年的历史了。"

论述了中华民族并不组织在血统上之后,您又说,中华民族也不建立在同文化上。如今汉人的文化,早因各族的混合而渐渐舍短取长为一种混合的文化了。您说:"现有的汉人的文化是和非汉人的共同使用的,这不能成为汉人的文化,而只能成为'中华民族的文化'。"

当第一次欧战之后,美国总统威尔逊喊出"民族自决"的口号,原要使弱小民族脱离帝国的羁绊而得着她们的独立自由。哪知这个口号传到中国,反而成为引进侵略者的方便法门。您说:“满洲人十分之九都进了关了,现在住在东三省的几乎全为汉人,然而这个好听的口号竟给日本人盗窃了去作为侵略的粉饰之辞。”(您指出,日本人假借“民族自决”而硬造一个伪“满洲国”)德王在内蒙起先提倡高度自治,继而投入日本人的怀抱,出卖民族和国土,然而他的口号也是民族自决。当您游历西北,您说:“刚踏入某一省境,立刻看到白墙壁上写着‘民族自决’四个大字。我当时就想,在这国事万分艰危的时候,如果团结了中华民族的全体而向帝国主义者搏斗,以求完全达到民资自决的境界,我们当然是大大得欢喜和钦佩;但倘使他们只想分析了中华民族的一部分而求达到自身富贵的私图……这不就是中华民族的罪人吗!”

在您看来,当历史形成了多样化的相互融合的文化之后,中国人可以顺应内心的爱慕和外界的需要而去选择一种适当的文化生活,而且各种文化也不绝对抵触。文化的融合性、多样性和向心力由此合为一体,此时,中华民族便浑然一体。

按说,您的这篇文章,与李维汉、费孝通两先生的文章在强调“中华民族”的立场上,基本接近。但是,更强调中华民族的“浑然一体”,这是您的特点。

本来,民族这个概念,在中国出现的时间还不过百年出头。但是,这个概念在百年前一出现,就融入笔诛枪战的满汉之争.民族理论被深深嵌入到中国近代史的实践之中。长期以来,人们粗疏地没有去思考,什么是“nation”,什么是“ethnic group”。事实上,“nation”才是“民族自决”的“民族”或曰“国族”,而“nation”之下的诸多“ethnic group”作为不同的共同体,本身并不符合西方意义上的自决的理论框架。在此意义上,我特别同意您说的——中华民族是一个,这个中华民族的民族才是唯一的"nation"。从"民族自决"的理论出发,并不能得出"ethnic group"可以"自决"以至"独立"的结论。

应该说,事情也在发生着悄然变化,就是20世纪80年代出版的《中国大百科全书·民族卷》上,"ethnic group"还不见身形,而今天,中国的各少数民族,其英文已变为"Ethnic Minority",国家民族事务委员会的英文,亦为"The State Ethnic Affairs Commission"。但这些变化,没有受到足够关注,至少在法学界和宪法学界,还没有关于"ethnic group"的共识。在没有这种共识,亦无"中华民族是一个"的信念的时候,分析"民族自决",就会陷入一种理论误区,误读之人还觉得振振有词。

"中华民族是一个"是一个大格局,期待在您和傅斯年先生提出的这个大格局之下,学界的好观点灿若群星。

晚辈　董彦斌敬上

张国焘版的《背影》

张国焘父亲的背影，慈爱、难过、沉默，虽然没有强烈的爆发，却凝练了老辈人对五四新青年的无奈，也表示了两代人的分道扬镳。

朱自清的名文《背影》，自民国时期即选入国文教材，七十年来很少有不入教材之时，历来为读者熟悉。朱文叙述父子情感，确为感人至深。

朱自清生于1898年，1916年就读北大预科，正是五四青年的年纪。虽然，父子情感为人类最基本的情感之一，古今一脉，但是，五四的时刻，恰为青年们对父辈说不，同时也是中国自废除科举之后成长起来的第一代青年主张向父辈冲决网罗之时。1905年废除科举制时，朱自清、周恩来、刘少奇这几位生于1898年的人都是7岁，他们成长在“科举后”，因家庭的殷实而得以接受较好的教育，却又程度不同地展现出崭新的新派、欧派、苏派作风和对家庭的告别。

在朱自清的《背影》里，我们看到的是父子情，还看不到父子在观念和政见上的隔阂。在张国焘的《我的回忆》里，作为政治人物、革命人物的张国焘，也写了父亲的背影，却将父子分歧写得简短而清晰。

张国焘生于1897年,比朱自清大一岁,与朱自清同年进入北京大学攻读预科。张国焘是江西考生,朱自清是江苏考生。张父张鹏霄,生于1875年,曾是县试第一名,在1909年清末最后一届省试中被国子监录取,次年进入浙江法政专门学校学习法律,毕业后曾任浙江高等审判厅推事,后任浙江象山县知事(相当于象山县县委书记兼县长),在任三年。当张国焘就读北大时,张鹏霄恰在象山县任职。张国焘版的"背影"就发生在此时。

1919年春,张国焘的父亲来到北京。张国焘说:"我每星期都去看他,照常送给他一些书刊。彼此叙起家常来一样是很亲热的。父亲知道我已是一个活动的急进分子,常在慈爱的颜色中表示不以为然的神情,但不再提起解除婚约和新思潮的问题。"①

因有公务在身,张父在北京住了一个短时期即离京南下,张国焘送他到车站,并诚恳向父亲表示:"父亲素来是谨言慎行的,儿子却愿与旧社会宣战。父亲为了立身处世的方便,对儿子的所作所为不妨采取不负联带责任的态度。"张国焘说:"父亲听了这些话后,表现得有点难过,保持沉默。我们父子就这样告别了。"

在朱自清的笔下,"这时我看见他的背影,我的泪很快地流下来了。"表现的尚是一个文艺青年的柔软,在张国焘这里,却是一个革命青年的决绝。

张国焘父亲的背影,慈爱、难过、沉默,虽然没有强烈的爆发,却凝练了老辈人对五四新青年的无奈,也表示了两代人的分道扬镳。

张国焘的父亲也是新式教育培养出来的精英。他就读的浙

---

① 张国焘:《我的回忆》,东方出版社1980年版,第42页。

江法政专门学校启动于1907年秋,由时任浙江巡抚的增韫向朝廷代呈了陈叔通等人的创校申请。1910年,校董会选举陈叔通为监督,正式展开招生事宜,并于当年9月开学。该校学制严格,分正科和别科两种,正科4年毕业、别科3年毕业。正科新生须在中学堂或程度相当之学堂得有文凭者;别科新生须品行端正且国文具有根底。由学校基本情况看,该校虽名为“专门学校”,实际上就是一所法科大学,其专业化程度与后来的东吴、朝阳等法科大学并无差异。张父即为第一届学生。作为清末的法科毕业生,毕业后又遭逢民国初建,总体而言,张父以建设为职志。在他担任象山县负责人时,该县的学校开办、桑林种植、平民工厂创办、罪犯习艺所建设、海塘圩堤建设等各项事宜都逐步展开。离开象山后,又担任过九江地方检察厅厅长。从经历可以看出,张父虽不算有大成就,但中规中矩,可以说是地方官和法律人中的良材。

但面对这样一位朴良的父辈,张国焘选择的先是说服,后是辩论,最后是叛逆。到北京后,张国焘说:“每星期都将我阅读过的报刊和少数新书邮寄给我的父亲。后来我所寄去的书刊就多是《新青年》这类的东西,其中甚至有无政府主义者的刊物。我还常写信向我父亲鼓吹新思潮。父亲保持了约一年的沉默,来信中绝不表示关于这方面的意见。后来他终于开腔了,信中长篇大论的反对新思潮,尤其讥讽白话文,并主张保存国粹。这样就引起了我们父子间各执己见的辩论。”

假使张父一味主张保存国粹,是个顽固的老保守派,则张国焘的主张自然极有道理,可是,张国焘主张的是什么呢?有意思的是,张国焘回忆录中的一段话典型地表明了国焘的基本想法。到了20世纪60年代,张国焘写回忆录时,对1916年左右的北京观感仍做如下表达:“旗人男女们相见时打千问安,洋车夫满街叫喊着‘老爷、太太’。大商店对顾客恭敬迎送,气派十足;这一切都是封建积习的残存。”打千问安、叫老爷太太、气派十足地恭敬迎送,这不是一个彬彬有礼的社会的基本样态吗?孔子曾经说过“富而好礼”,在一部分富人中实现了这样的“好礼”局面,为什么还成了“封建积习”呢?看得出来,到了20世纪60年代,作为老五四青年,张国焘依然保存着改造社会的热烈心态。20世纪60年代,洗尽铅华的张国焘做如此想,1918年、1919年的他的想法可以想见。连基本礼俗都要打破的张国焘这一代人,注定要用暴风骤雨来改变中国。

张国焘自己坦承,他就读小学时,遭遇的只是“中西文化的激荡情景”:“学校主持人是本县的一些著名的宿儒,他们往重读经,管理学生也很严格;尤其不让那些“异端邪说”侵入到学生们的脑中……可是学校中担任科学常识一类课程的先生们,多是一些青年新进人物,他们的想法与那些主持人的观念不尽相同,很注重让学生们了解一些新事物。”张国焘的父辈应属青年先生这代人,青年先生们教小学生新观念和认识新事物的方法,却未料这些小学生们成了青年时,成了改造派的精英。张国焘说,到了大学时,他们的思想已经“从一点一滴的社会革新,走向更急进的政治改革方向去”。

他父亲的沉默的背影,就是建设派留给改造派的背影。

就在张国焘的父亲给张国焘留下背影的差不多同一个时间,1919年前后,马克斯·韦伯在德国发表了著名的演讲《以政治为业》。韦伯讲了目的和手段的关系,他说,不同的思潮可用一个简洁的问题来概括:是选择继续打几年仗来换得革命果实?还是选择没有明显革命的和平？强调“以目的圣化手段”的思潮一定会选择继续打几年仗。张国焘的大半生，就是目的圣化手段的思潮的注解。

可是，当越来越激烈的想法、目标呈现后浪对前浪的催促时，张国焘也会表现出“跟不上”。张国焘对“打千问安”式的礼节不以为然，可是在1935年红一、红四方面军懋功会师前后，当他叫毛泽东和朱德“润之兄”、“玉阶兄”时，却遭到了博古的质问。博古问张国焘，这不是军阀式的称兄道弟吗？张国焘说，对博古的充满莫斯科气味的问题，他只好“哭笑不得”。

思想史上的孤独者

一般人都以为我们要根本改造，要根本推翻从前一切来重新建设，其实是办不到的。

朱学勤先生曾有一文，名为“思想史上的失踪者”，盖指一群有思想史之潜质，终无所成的失意天才。20 世纪 20 年代初的新民学社成员，毛润之（用新民学社会议记录的说法）的学友邹泮芹大约可归于此类。邹泮芹不仅在思想史上失踪，同时又极为孤独。其一生籍籍无名，然而，在新民学社会议上，共 17 人开会，他一人与另外 16 人意见相左，成为唯一的少数派，这就足以使他在思想史的超大剧院得占一席。他的存在，使得新民学社存在第二种观点，而这种观点值得被我们记忆。

1921 年的 1 月 1 日，长沙城“大雪满城，寒光绚烂，景色簇新”，[①]一群对于国家、社会怀着浓厚热忱的青年（亦有个别年长者，如何叔衡），汇聚一处，严肃地促膝谈心，这就是新民学会的年轻人们。匆忙过元旦的路人当然不会想到，这群谈心的青年，在

① 《新民学会会务报告》第二号，载魏宏运主编：《中国现代史资料选编》，黑龙江人民出版社 1981 年版，第 394 页。

接下来的10年、20年、30年后，命运巨变。1931年，他们中间的陶毅（斯咏）女士病故；1935年，他们中间的何叔衡战死；1949年，他们中间的毛泽东（润之）当选中央人民政府主席。

而在1921年的1月1日和2日，召开新民学会会议的他们自己也不知道，原来自己将拥有那样的未来。不仅如此，他们对未来充满憧憬，而且，他们还设定一条自己的和社群的——通往未来的道路。整体而言，这次会议就是试图为世界和中国设计未来。

1月1日，会议对新民学会的目的做了讨论，毛润之做了主题发言，指出，现在国中对于社会问题的解决，显然有两派看法，一派主张改造，如陈独秀等；另一派主张改良，如梁启超、张东荪等。毛润之说，改良是补缀办法，应主张大规模改造。至于方法，毛润之赞成俄式，因为俄式是诸路走不通新发明的一条路。1月2日，会议针对学会目的做表决，依次由会员发言。何叔衡以为，学会的目的应当是“改造世界”，毛润之则以为应当是“改造中国与世界”。经过讨论之后，参会者对学会目的做表决，赞成毛润之之“改造中国与世界”者为10人，赞成何叔衡之“改造世界”者为5人，另有张泉山主张表述为改造中国并推及世界。也就是说，参会者中有16人都主张“改造”。但此时出现了16比1的局面，有一人对“改造”思路提出了根本质疑，这就是新民学会的会员邹蕴真（泮芹、半耕）。

“我对改造两字极为怀疑。”邹泮芹说，“一般人都以为我们要根本改造，要根本推翻从前一切来重新建设，其实是办不到的。世界无论什么事，不可一跃而就，是渐渐进化的。新民学会不宜取改造的态度，宜取研究的态度，将各种方法主义彻底研究，看哪一种主义适宜。东西民族不同,人类病痛极杂,决非一剂单方就可治好。”而在谈到达到目的的方法时,邹泮芹指出:“理论上无政府主义最好,但事实上做不到。比较可行,还是德谟克拉西。主张要对症下药,时间上渐渐改进,空间上渐渐改进。物质方面的救济:开发实业。精神方面的救济:普及并提高教育。”16 个人都主张“改造”,所不同者只在于改造世界还是改造中国与世界,独邹泮芹不赞成。不能不说,此时的邹泮芹颇有一点虽千万人吾往矣的气概。

所谓改造,就是天翻地覆,而改良是要求点滴进步。改造和改良之争,何止出现于新民学会内部,何止出现于 20 世纪 20 年代初,何止出现于中国。现状中的种种劣迹,进入青年脑中,引发愤懑,引发社会激荡,急进者要求改造,稳健者呼吁改良,这几乎表现在每一个地域、每一个时代。但是,16 比 1,邹泮芹的主张无疑是孤独的。于是,改造成为了主流的见解,而改良、渐变地推进“德谟克拉西”无非变成一种装饰,一个绝望的参照系和一声无望而无谓的呐喊。

更重要的是,改造的见解不仅仅停留在了会议讨论中,而很快付诸实施。新民学会的确是当时各省青年的代表性群体,他们并非顶尖名校的毕业生,亦手无寸铁,但他们经历新文化运动以来反传统主义、无政府主义和俄国革命的信息塑造,早已成为胸怀大志、情愿吃苦的年青一代。他们走入民间,如他们的导师李大钊一年多前所言,“他们有许多文人志士,把自己家庭的幸福全抛弃了,不惮跋涉艰难的辛苦,都跑到乡下的农村里去,宣传人道主义、社会主义的道理。有时趁着他们休息的时间和他们谈话,有时和他们在一处工作,一滴血一滴汗的作他们同情的伴侣。有时在农村里聚集老幼妇孺,和他们灯前话语,说出他们的苦痛,增进他们的知识。一经政府侦知他们,或者逃走天涯,或者陷入罗网。”他们换书为剑,在使用评判的武器之同时,更奉行了武器的批判。最终,他们以自己对于中国和世界的红色想象塑造了新世界,完成了对中国的比辛亥一代远为彻底的改造。

当他们怀抱着此种巨大想象时,他们的宪法理念也随之改变。就在新民学会召开前述会议之时,包括毛润之在内的新民学会大多数会员们对于湖南省宪的制定和实施还抱着强烈的兴趣,他以为,湖南可以按照省宪的设计,开创一种地方政治的新局面,但省宪运动终于不成,新民学会会员们的宪法理念在 1931 年就演化成为《中华苏维埃临时共和国宪法大纲》,确定“军阀,官僚,地主,豪绅,资本家,富农,僧侣及一切剥削人的人和反革命分子是没有选派代表参加政权和政治上自由的权利的”。

按照辛亥一代的王宠惠的说法,宪法为不祥之物,需要流血而成,但王宠惠一定相信,宪法的血只流一次,宪法制成,即不应再流血,而只应辩论、选举和讨论。何叔衡们不会同意王宠惠的见解,而邹泮芹也未必赞成王宠惠的话。于是从气质上,邹泮芹更接近法国的保守主义思想家柏克,但在改造的洪流中,安静而温和的邹泮芹如弱草上的轻尘,没有机会成为思想家,也走不出洪流。邹泮芹也没有机会读到哈耶克弟子周德伟的名句:“岂有文章觉天下,忍将功业苦苍生。”没有机会赞叹,没有机会应和,没有机会把酒言欢。

1927 年的三位逝者

这一年，深受苏联影响的北伐军国共分野。这是个激烈的大年份，于是两个法庭和一个湖，带走了三位逝者，三位优秀的学者。

1927 年，有三位文化名人非正常死亡，他们是被湖南省审判土豪劣绅特别法庭处死的名士叶德辉、自沉于昆明湖的清华大学教授王国维和被张作霖政府处死的北京大学教授李大钊。

三位名人里，有两位很有关联，李大钊的旧友、同事和论敌胡适 1922 年曾在日记里说："现今的中国学术界真凋敝零落极了。旧式学者只剩王国维、罗振玉、叶德辉、章炳麟四人；其次则半新半旧的过渡学者，也只有梁启超和我们几个人。内中章炳麟是在学术上已半僵了，罗与叶没有条理系统，只有王国维最有希望。"胡适眼里"旧式学者"的四大金刚，叶德辉和王国维占其二，可见此二人之卓异。同时，胡适称叶德辉没有条理系统，王国维最有希望，看得出胡适是将叶德辉看做更老派的学者类型。

所谓"旧式学者"，就是以古典方法研究古典学问的学者。胡适这里用"旧式"这个词，带有褒贬评价的语言色彩。作为打倒孔家店的头领，胡适称老一代为"旧"，似乎代表了 20 世纪新一代的某种傲慢之心。这种傲慢，在温柔敦厚的胡适这里，只是淡淡地叙述，到了北伐军、革命乡民和军政府那里，就变成了愤怒的呼啸与挥舞的大刀——毛泽东诗里称之为“红旗卷起农奴戟”。

考虑到三位名人都有较为鲜明的政见，则三位文化名人，也算法政名人，而他们的死，也恰与某种司法机制和政治理念相关。三个人同逝于 1927 年，表明 1927 年是一个动荡的转折之年。

如胡适所言，叶德辉最老。叶德辉老到什么程度？老到连民国之后积极参与张勋复辟的被公众骂为顽固分子的康有为也看不上。叶德辉骂康有为很有趣，他说：“康有为何足以言学，一二徒党，攀援朝贵，簧鼓无学之人，其门徒之寓上海者，恒称其师为孔、墨合为一，有人言：‘孔者孔方兄，墨者墨西哥。’闻者无不笑之。”汲汲于君主立宪事业的康有为先生，倡议设立“孔教会”的康有为先生，被叶德辉嘲讽为爱钱并想把中国引向墨西哥模式（墨西哥被当时的国人视为混乱的典型）的不学无术之徒，如此偏颇，如此性情中人，又是收藏大家，不能不与 1927 年的革命风潮对立。可是当 1927 年到来时，狂狷之士叶德辉的敏感远不如王国维，他还在想：“我既非资本家，也不是地主，而是书香世家，平日我只对官府有恶感，同民众没有恶感，民众不会作难我的。”却不曾想，自命的名士身份与农协眼里的“土豪劣绅”身份并不冲突。

关于王国维之死，评论已多得不可胜数。最著名的评论，当属陈寅恪讲的“独立之精神，自由之思想”和“敢将私谊哭斯人，文化神州丧一身”。陈寅恪的前一句话，已成坊间名句，比陈的另一句诗“自由共道文人笔，最是文人不自由”更出名。可是不论陈寅恪还是王国维，他们研究的并不是自由，不以“自由主义知识分子”名世，尤其是王国维，并没有发表过什么对自由一权利进行探讨的文章，其文字指向的更多是“文化神州”。从政见来说，王国维对满清废帝充满致敬之心,是标准的"遗老遗少"。可以这么说,在学术研究和政见这两块,表面看,王国维的主张是分裂的。其学术研究虽然不涉及政治与自由,却希望有自由的创作环境。从政见来说,王国维不见得拥护当代宪政理念,他真诚地向清代皇室致敬和报恩。但实质来说,致敬皇室,不见得就与自由不兼容。其一方面原因在于这皇室毕竟宣告过立宪,而且实实在在地打开了立宪之门,另一方面原因在于这皇帝已是废帝身份,已成为真正的果壳里的帝国。王国维对其的致敬,毋宁说是对昨日黄花的文化和情感意义上的致敬,而不是为政治权力的致敬。王国维不是要做权力的附庸,恰好是希望代表某种文化情感的清代皇室和古典文化能在新时代有一个空间。(或许连溥仪也未必能真正理解这些真诚追随他的大臣们,在溥仪自己亲笔写的《我的前半生》灰皮本中,溥仪对于身边的老臣们充满了调侃和不解,溥仪同样嘲笑他们不够新派。)

在北伐军高奏胜利歌曲时,王国维为什么说"五十之年,只欠一死。经此世变,义无再辱"?是在于绝望。北伐的军歌,击破了王国维对文化多元和自由环境的梦想。

关于李大钊之死,人们更加熟悉。更多细节的揭开,尚待档案的解密和张作霖政府曾经编纂的李案经过汇编的被找到。必须指出的是,尽管李大钊是自行进入苏联大使馆并被张作霖方面的警员带走,但是无论如何,李大钊属于政治性犯罪,不应当被处以死刑,何况执行死刑时用的还是绞架的不人道方式。李大钊乃是北大名教授,当时的北京学界和舆论界,一片为李大钊求情之声,然而这并没有动摇张作霖的决断。

这里还必须指出的是,张作霖政府与旧的北京政府有着较大差别，与旧北京政府的政治常规化程度比起来，张政府颇有军政府色彩。这种军政府色彩，把本应由司法机关独立裁决的李大钊审判的决断权，交给了最高领导人张作霖。这就是典型的人治做法。

1927 年的确是中国的转折之年，在这一年，加盟北伐队伍的原北洋政府司法部次长徐谦提出了“司法党化”和“反革命罪”两个重要概念；这一年，曾经在新民学会坐而论道的谢觉哉起而行之，投入到湖南农民运动的浪潮中，把自己改造世界的理想与眼下的打土豪分田地融为一体；这一年，深受苏联影响的北伐军国共分野。这是个激烈的大年份，于是两个法庭和一个湖，带走了三位逝者，三位优秀的学者。

图书在版编目(CIP)数据

现代法政的起源:1900—1919/董彦斌著.—北京:法律出版社,2015.7
ISBN 978-7-5118-8080-2

Ⅰ.①现… Ⅱ.①董… Ⅲ.①法制史—研究—中国—1900~1919 Ⅳ.①D929.5

中国版本图书馆CIP数据核字(2015)第130902号

现代法政的起源:1900—1919 | 董彦斌 著 | 责任编辑 高 山 黄倩倩
装帧设计 乔智炜
插 图 王晓琳——木木工作室

开本 A5
印张 7.875 字数 164千
版本 2015年10月第1版
印次 2015年10月第1次印刷
出版 法律出版社
编辑统筹 学术·对外出版分社
总发行 中国法律图书有限公司
经销 新华书店
印刷 北京泰山兴业印务有限责任公司
责任印制 陶 松

法律出版社/北京市丰台区莲花池西里7号(100073)
电子邮件/info@lawpress.com.cn
销售热线/010-63939792/9779
网址/www.lawpress.com.cn
咨询电话/010-63939796

中国法律图书有限公司/北京市丰台区莲花池西里7号(100073)
全国各地中法图分、子公司电话:
第一法律书店/010-63939781/9782
西安分公司/029-85388843
重庆公司/023-65382816/2908
上海公司/021-62071010/1636
北京分公司/010-62534456
深圳公司/0755-83072995

书号:ISBN 978-7-5118-8080-2
定价:40.00元
(如有缺页或倒装,中国法律图书有限公司负责退换)